Couverture inférieure manquante

Début d'une série de documents en couleur

# NOTICE

SUR LA

# BIBLIOTHÈQUE DE LA GRANDE-CHARTREUSE

## AU MOYEN-AGE

SUIVIE D'UN

## CATALOGUE DE CETTE BIBLIOTHÈQUE

AU XV^me SIÈCLE



PAR

PAUL FOURNIER

Professeur à la Faculté de Droit de Grenoble.

GRENOBLE
IMPRIMERIE F. ALLIER PÈRE & FILS
Grand'Rue, 8, cour de Chaulnes.

1887

Fin d'une série de documents
en couleur

# NOTICE

SUR LA

# BIBLIOTHÈQUE DE LA GRANDE-CHARTREUSE

## AU MOYEN-AGE

EXTRAIT DU BULLETIN DE L'ACADÉMIE DELPHINALE

3e SÉRIE. — T. XXI.

# NOTICE

SUR LA

# BIBLIOTHÈQUE DE LA GRANDE-CHARTREUSE

## AU MOYEN-AGE

SUIVIE D'UN

## CATALOGUE DE CETTE BIBLIOTHÈQUE

AU XV^me SIÈCLE



PAR

PAUL FOURNIER
Professeur à la Faculté de Droit de Grenoble.

GRENOBLE
IMPRIMERIE F. ALLIER PÈRE & FILS
Grand'Rue, 8, cour de Chaulnes.

1887

LA

# BIBLIOTHÈQUE DE LA GRANDE-CHARTREUSE

AU MOYEN-AGE

PAR M. PAUL FOURNIER

## I

Quelle place l'étude doit-elle tenir dans la vie monastique? Sur cette question se sont formées deux doctrines contraires, qui ont eu la bonne fortune d'être exposées, au XVII^e siècle, par deux des hommes les plus remarquables d'un siècle fécond en esprits éminents : l'abbé de Rancé et le P. Mabillon. Qu'il me soit permis, tout d'abord, de rappeler brièvement leurs conclusions.

L'abbé de Rancé parla le premier[1]; on sait qu'il s'appuyait sur l'avis et la sympathie de Bossuet. En un style dont la netteté le dispute à la vigueur, il exprima

[1] Voir le traité *De la Sainteté et des devoirs de la vie monastique*, par l'abbé de Rancé, et la réponse du même auteur au *Traité des études monastiques*, de Mabillon.

les doctrines les plus austères. « Il est certain, dit-il, que les moines n'ont point été destinés pour l'étude, mais pour la pénitence ; que leur condition est de pleurer et non pas d'instruire..... L'application aux sciences, continue-t-il, est ennemie de l'esprit qui doit animer toute la condition des solitaires ; il n'y aurait ni justice, ni prudence de vouloir abolir le travail des mains..... pour substituer en sa place l'étude des sciences, qui ne peut être considérée que comme une occupation extraordinaire, et souvent comme une tentation ou comme un écueil dans la vie monastique. » C'était bien l'homme qui devait écrire : « La science n'est capable que de nuire aux moines, de dérégler leur cœur, de faire sur eux des impressions de mort, de ruiner ce fonds de piété, de simplicité et de pureté auquel leur sanctification est attachée..... On ne connaît plus ni règle, ni régularité, ni constitution, ni discipline, ni édification où les études sont établies. » Il faut donc les fuir ; aussi les lectures des religieux, puisque la règle de saint Benoît leur en impose, ne seront que de l'Écriture Sainte, des ouvrages des saints moines, de leurs vies, de leurs entretiens et de leurs actions ; en dehors de ces ouvrages, ils ne s'embarrasseront pas « dans une recherche curieuse des choses qui ne leur conviennent pas. » Telle est, dans toute sa brutalité, si cette expression m'est permise, la thèse développée par le célèbre réformateur de la Trappe.

Visée directement, la congrégation des Bénédictins de Saint-Maur ne pouvait garder le silence. Évitant toute précipitation, elle ne le rompit qu'après plusieurs années ; ce fut Mabillon qui releva le gant et dans son beau *Traité des études monastiques*, fit entendre une parole aussi modérée dans le ton que solide et nourrie de faits.

Il démontre que la tradition de l'Église a toujours permis aux solitaires « les mêmes études qui peuvent convenir à de vertueux ecclésiastiques. » Avec une merveilleuse largeur de vues, il trace aux moines un vaste plan d'études, où figurent en première ligne l'Écriture Sainte, les Pères, la théologie et le droit canonique ; puis, sans se borner à ces sciences particulièrement ecclésiastiques, il y ajoute la philosophie et les belles-lettres. Ce n'est pas lui qui eût banni l'histoire ; sur son utilité, il s'exprime en termes qui, de nos jours, paraîtraient empreints d'une actualité frappante. Après Melchior Cano, il répète que les théologiens qui ne sont pas versés dans l'histoire ne méritent pas le nom de théologiens ; après Godeau, il écrit ces lignes : « Plusieurs scolastiques, pour n'avoir pas sçu l'histoire, sont tombez dans de très grandes fautes qui ont donné lieu à leurs adversaires de les taxer de mauvaise foi ou d'ignorance. » D'ailleurs, « il n'est pas mauvais que des solitaires lisent ce qui se passe dans le monde touchant les affaires de l'Église. » Ce n'est pas seulement vers l'histoire que Mabillon pousse ses disciples ; il expose avec un ferme bon sens les règles de la critique, et va jusqu'à introduire les religieux dans l'étude des manuscrits, des médailles et des inscriptions.

Que le lecteur ne s'en étonne pas : pour Mabillon, l'étude est bien une œuvre pie. Il redit la parole de saint Augustin : « La science est cette machine qui doit servir à élever l'édifice de la charité ; » l'édifice sera parfait si le moine consacre son travail à la gloire de Dieu, à son propre avancement dans la perfection et à l'utilité de son prochain.

Telles sont les deux doctrines, développées par des adversaires dignes l'un de l'autre ; on comprend l'intérêt que cette polémique excita aussi bien dans le public lettré que dans le public religieux. Au surplus, sans avoir été jamais posée avec une pareille ampleur, la question n'était pas nouvelle; au XIII^e siècle, saint Bonaventure avait dû prendre la défense des études menacées par le zèle exagéré d'un interprète de la règle franciscaine. Au XV^e siècle, Gerson éleva la voix en faveur de la lecture dans les monastères et donna sur ce point des principes salutaires[1]; un célestin de Paris, Claude Rapine, jugea nécessaire de diriger contre les adversaires des études un traité *de Studiis monachorum*. En étudiant l'histoire de la bibliothèque de la Grande-Chartreuse, nous verrons comment depuis longtemps les disciples de saint Bruno avaient résolu la question qui, au XVII^e siècle, partageait encore les meilleurs esprits.

## II.

Plus retirés du monde que les bénédictins, les chartreux n'éprouvaient pas au même degré le besoin de se mêler au mouvement intellectuel; n'accueillant que des hommes faits, ils n'étaient point tenus de former à la culture littéraire des jeunes gens destinés à l'état monacal. Il semble donc qu'ils aient été nécessairement

---

[1] Voir dans les œuvres de S. Bonaventure, l'*epistola ad Magistrum innominatum* (tome VII de l'édition de Rome, 1695, et *passim.*; dans les œuvres de Gerson, le traité *de libris legendis à monacho* et l'*Apologetica* (édition Ellies du Pin, II, I, col. 706, et ss., 704, etc.).

acquis aux doctrines les plus réfractaires au travail intellectuel : point du tout. Ils admettront la culture littéraire, mais la tourneront exclusivement vers un but d'édification ou de perfectionnement dans la vie chrétienne. Beaucoup d'entre eux composeront des ouvrages ; mais leurs nombreux écrits seront rattachés par le lien d'une puissante unité : tous convergeront vers le développement de la vie intérieure, de l'union de l'âme à Dieu, qui doit s'opérer par degrés, jusqu'à la perfection de l'état d'union éloquemment décrit par Denys le Chartreux : « Mon amour, dit le Seigneur, est comme un sentiment intérieur, fait de douceur et d'amertume. C'est un vin nouveau, parfumé, savoureux, mais non épuré..... ; qui le goûte tombe dans la somnolence, mais non dans un sommeil complet ; il ne dort point, mais ne veille pas davantage. Il ne sait ni n'ignore ce qui se passe autour de lui ; mais il n'en a souci et en réalité il ne songe pas à lui-même..... En même temps que son amour pour Dieu est plus fervent et son intelligence plus lumineuse, Dieu ravit plus fortement son âme, l'unissant à lui d'une manière merveilleuse, à tel point que cette âme, oublieuse d'elle-même et de tout ce qui n'est pas Dieu, devient avec lui comme un seul esprit : mais comprenez-le bien, cela se réalise par l'union amoureuse et la conformité de la volonté humaine à la volonté divine[1]. »

Tel est le type idéal de la vie cartusienne ; mais, il faut le remarquer, ce type ne saurait être réalisé que par un effort intellectuel joint à un effort moral : il suppose la culture de l'esprit aussi bien que la victoire de la volonté sur les penchants mauvais ; pour y atteindre, le chartreux

---

[1] Denys le Chartreux, *de perfectione charitatis*, art. 27.

s'aidera de toutes les connaissances qui pourront lui servir de degrés dans son ascension vers la perfection : Écriture sainte, patristique, théologie dogmatique et morale, vies des Saints, histoire de l'Église, etc. Toutes ces connaissances seront ramenées au but préféré ; dans la composition de leurs bibliothèques, les chartreux trahissent une prédilection évidente pour ce courant qui prend sa source dans les œuvres de saint Augustin, et qui, reparaissant au moyen âge dans les écrits de saint Anselme, de saint Bernard, des Victorins et de saint Bonaventure, vient aboutir à la mystique du XIV^e siècle, et, plus tard, aux œuvres de Gerson. Ces noms étaient largement représentés dans les collections de la Grande-Chartreuse ; les manuscrits de saint Augustin y étaient très nombreux ; Richard de Saint-Victor y figurait à côté de l'Horloge de l'éternelle Sapience, le docteur Séraphique à côté de l'Imitation. Auprès de ces ouvrages on trouvait de nombreux traités de morale, propres à faciliter aux novices le premier degré de la perfection, qui est de connaître le péché et de le haïr. C'est dans ce dessein qu'ils étaient exhortés à lire les *Moralia,* de saint Grégoire, ou bien la Somme des vices et des vertus du dominicain Guillaume Perault, et d'autres écrits analogues. Là-dessus, les conseils donnés par Gerson aux moines, s'accordent avec les recommandations adressées aux jeunes religieux par le plus illustre de ces mystiques Chartreux qui, en Allemagne surtout, exercèrent une grande influence[1].

---

[1] Voir Denys le Chartreux, *Exhortatorium novitiorum,* art. 9, *de libris qui novitiis conveniunt magis.* Cf. Gerson, *de libris legendis.*

Non seulement cette tendance se révèle dans les bibliothèques des chartreux, mais elle se manifeste dans le choix des sujets qu'ils traitent eux-mêmes : la donnée générale étant admise, leur littérature s'y développe librement. On peut s'étonner du nombre des ouvrages qu'ils ont produits ; en tous cas, le critique ne saurait passer indifférent devant une liste d'auteurs au premier rang desquels brillent Denys le Chartreux et Ludolphe de Saxe.

Ainsi le chartreux ne néglige pas la culture intellectuelle, comme devront le faire les disciples de l'abbé de Rancé ; il n'embrasse pas non plus tous les domaines du savoir humain, comme paraîtra tentée de le faire l'érudition bénédictine. Entre ces deux extrêmes, il tient une voie moyenne et se sert de la culture intellectuelle pour arriver à son but ardemment désiré, l'union avec Dieu.

## III.

Dès lors, il ne faut pas s'étonner de ce que, dès les premiers temps de leur ordre, les chartreux aient mis tous leurs soins à réunir une riche bibliothèque. On peut le croire sans témérité, la fondation de cette bibliothèque remonte jusqu'à saint Bruno qui lui-même était un écrivain et un lettré. Sur le prix que les chartreux attachaient aux livres, les témoignages anciens ne nous font pas défaut ; il convient d'en recueillir ici les principaux.

Un personnage important de la fin du XIe siècle, l'abbé Guibert de Nogent, qui mourut en 1124, décrit dans son autobiographie le premier monastère de la Grande-Chartreuse, celui qu'une avalanche devait détruire quelques années plus tard. Après avoir dépeint la vie misérable des ermites, il ajoute : « Quoiqu'ils se mortifient par une pauvreté absolue, ils amassent une bibliothèque très riche ; moins ils éprouvent le besoin du pain matériel, plus ardemment ils travaillent à se procurer la nourriture qui ne passe point, mais demeure à jamais[1]. »

La réputation de la bibliothèque de la Chartreuse n'était pas usurpée ; comme le prouvent les coutumes rédigées en 1127, par le cinquième prieur, Guigues, si les chartreux purent l'enrichir, ce fut en se faisant eux-mêmes copistes et relieurs. Tout religieux possédait dans sa cellule les instruments indispensables pour écrire ; les coutumes considéraient la transcription des livres comme une œuvre pie. Guigues s'exprime en ces termes : « Autant de livres nous écrivons, autant nous mettons au jour de hérauts de la vérité ; aussi attendons-nous du Seigneur une récompense pour tous ceux que nos livres auront retirés de l'erreur ou fait progresser dans la vérité catholique[2]. » Ces livres que l'on transcrivait avec tant de peine, on les conservait avec grand soin ; si chaque religieux avait la faculté de garder deux volumes dans sa cellule, c'était à charge de les préserver de toute souillure. Là-dessus, Bernard, prieur de la chartreuse de Portes, fait écho à Guigues : « Veillez, dit-il, à conserver les livres qui vous seront prêtés et à ne les laisser souiller ni par la fumée, ni par la poussière, ni par

---

[1] Guibert de Nogent, *De vita sua. Patrol. Latine*, CLVI, p. 854.
[2] *Consuetudines Guigonis*, c. XXVIII dans *Patrol. Latine*, CLIII, 694.

aucune autre impureté[1]. » C'est au travail des chartreux du XII^e siècle et aux soins de leurs successeurs que nous devons les nombreux manuscrits des Pères de l'Église, qui constituent une des principales richesses de la bibliothèque de Grenoble.

Le prieur Guigues ne se borna pas à recommander aux religieux la lecture quotidienne, dans les conseils de haute sagesse qu'il adressa aux chartreux de Mont-Dieu, au diocèse de Reims ; lui-même, il donna l'exemple de l'étude, et, qui plus est, de la critique des textes de l'antiquité chrétienne. Sa lettre aux chartreux de Durbon nous fournit une preuve décisive de ses goûts d'érudit. Il dit à ses correspondants : « Parmi les ouvrages des écrivains catholiques que notre médiocrité s'est attachée à réunir et à corriger, figurent les épîtres de saint Jérôme ; après les avoir fait recueillir de tous côtés, et, avec la grâce de Dieu, après les avoir purgées de toutes falsifications, nous les avons réunies en un grand volume. Nous en avons supprimé plusieurs que nous avons jugées indignes d'un si grand docteur, que nous fussions amenés à cette conclusion par les opinions d'autres écrivains ou par le style et la substance de ces écrits eux-mêmes[2]. » Il énumère alors les écrits qu'il a retranchés du nombre des livres de saint Jérôme, et pour éviter plus sûrement les altérations dans l'avenir, il ordonne aux religieux de Durbon de transcrire sa lettre en tête des manuscrits du saint Docteur. Il paraîtra peut-être piquant de voir le prieur de la Chartreuse tenter, au commencement du

---

[1] *Patrol. Latine*, CLIII, 697.
[2] Voir cette lettre dans la *Patrol. Latine*, CLIII, 593.

XIIe siècle, de donner une édition critique des lettres de saint Jérôme[1].

Un tel homme était bien fait pour être l'ami des personnages les plus éminents de son époque. Sa correspondance avec l'abbé de Cluny, Pierre le Vénérable, atteste clairement ses préoccupations littéraires. Pierre lui écrit : « Comme vous me l'avez demandé, je vous ai envoyé les vies de saint Grégoire de Nazianze et de saint Chrysostôme et le livre de saint Ambroise contre Symmaque. ...... Je n'ai point ajouté à cet envoi le traité de saint Hilaire sur les Psaumes, parce que j'ai trouvé dans notre manuscrit les mêmes fautes que dans le vôtre. Si toutefois vous le voulez, écrivez-le moi, et je vous l'enverrai. Comme vous savez, nous n'avons pas l'ouvrage de Prosper contre Cassien ; mais pour nous le procurer, nous avons envoyé à Saint-Jean-d'Angély, en Aquitaine, et nous enverrons encore, s'il le faut. Adressez-nous, s'il vous plaît, le plus grand manuscrit des Épîtres de saint Augustin, qui, au début, contient

---

[1] Les Chartreux eurent-ils souci de la critique du texte de la Bible qu'ils employaient? Évidemment, ils n'y apportèrent aucune de nos préoccupations modernes. Néanmoins, on peut saisir chez eux le dessein d'empêcher l'altération du texte. Au XVe siècle, il y avait, à la Grande-Chartreuse un correcteur attitré des Livres sacrés, Oswald (Tromby, *Storia di S. Brunone et dell'ordine Cartusiano,* VIII, p. 105). Il fit alors quelques observations sur le texte de la Bible, qui se trouvent consignées dans le manuscrit de la Chartreuse, n° 256 (Grenoble, 431) : ea quæ sequuntur ex opere patris domni Oswaldi, quondam correctoris Cartusie, excerpta sunt. Sur cet Oswald, voir Morotius, *Theatrum sacri Cartusiensis ordinis,* p. 83; Petreius, *Bibliotheca Cartusiana,* p. 25. Au XVIe siècle, une des grandes Bibles de la Chartreuse fut corrigée *ad editionem Antwerpianam* (1583).

les lettres du saint Docteur à saint Jérôme et celles que saint Jérôme lui a écrites ; car, par accident, dans une de nos obédiences, un ours a dévoré la plus grande partie de notre manuscrit de cet ouvrage[1]. » Ainsi, compléter leurs collections, améliorer leurs textes des Pères, telles sont les préoccupations communes à l'abbé de Cluny et au prieur de Chartreuse. Les relations de Pierre le Vénérable avec la Chartreuse se poursuivirent après la mort de Guigues, survenue en 1137 ; une des lettres de l'abbé de Cluny nous le montre prêtant au prieur Basile des manuscrits de saint Ambroise, et, suivant l'usage, lui en demandant un reçu. On se prêtait des livres d'un monastère de chartreux à un monastère de Cluny, comme de nos jours on s'en prête d'une Université à une autre Université. Parfois, l'emprunteur les gardait trop longtemps, ce qui excitait les justes réclamations du propriétaire ; ainsi, vers le même temps, le prieur de la chartreuse de Meyriat réclame instamment à Pierre le Vénérable deux manuscrits de gloses sur l'Évangile de saint Jean et sur l'Évangile de saint Mathieu, qui avaient été prêtés depuis plus de vingt ans à un moine de Cluny.

Guigues était lié d'amitié, non seulement avec l'abbé de Cluny, mais avec l'abbé de Clairvaux, qui ne cessa de témoigner aux chartreux une profonde sympathie[2] : on connaît la mémorable visite de S. Bernard à la Grande-Chartreuse. Le saint abbé entretenait aussi, à cette

---

[1] Pierre le Vénérable, *Epistolæ*, I, 24, dans Migne, *Patrol. Latine*, CLXXXIX, et *Bibliotheca Cluniacensis*, col. 653. Cf. L. Delisle, *Inventaire du fonds de Cluny, conservé à la Bibliothèque nationale*, p. X.

[2] Voir les lettres 11 et 12 de S. Bernard.

époque, des relations épistolaires avec un autre chartreux, son homonyme, Bernard, prieur de Portes, qui a laissé un nom dans la littérature du XIIe siècle ; c'est le prieur de Portes qui reçut les premiers sermons de l'abbé de Clairvaux sur le Cantique des Cantiques, et qui, sur la demande expresse de l'auteur, dut lui exprimer son appréciation sur cet ouvrage[1]. A cette date, la bibliothèque de la chartreuse de Portes était riche en manuscrits : les débris qui, à la fin du XVIIe siècle, ont été transportés de la bibliothèque de Portes à la Grande-Chartreuse, et qui sont venus prendre place à la bibliothèque de Grenoble, attestent l'importance de la collection dont Bernard de Portes avait sans doute réuni les premiers éléments.

On le voit, dès l'origine de leur ordre, les chartreux s'attachent à recueillir des manuscrits dans tous les monastères qu'ils fondent, et leur premier monastère, la Grande-Chartreuse, est doté d'une bibliothèque assez riche pour être bientôt célèbre. Dans l'ordre nouveau, le mouvement intellectuel est actif : les chartreux sont en relations avec les membres les plus distingués du clergé régulier ; partout leur prestige est incontesté. Trente ans après la mort du prieur Guigues, quand il faudra choisir entre Alexandre III et l'antipape créé par Barberousse, les chartreux ne connaîtront pas les timides hésitations de l'abbé de Cluny et d'autres prélats du sud-est de la France ; ils figureront avec les Cisterciens, au premier rang des défenseurs du Pape légitime ; c'est chez eux que le saint archevêque Pierre de Tarentaise viendra retrem-

[1] Voir les lettres 153 et 154 de S. Bernard, adressées à Bernard de Portes.

per son zèle pour la bonne cause[1]. Visiblement, les chartreux ne se fussent point avisés de se jeter dans la lutte, et n'eussent point exercé alors une sérieuse influence, s'ils n'avaient été encouragés par la voix publique qui célébrait leur science en même temps que leur piété.

## IV.

La bibliothèque, une fois créée, augmenta rapidement ; je me borne à signaler les accroissements dont j'ai retrouvé la trace.

Le premier don qui mérite d'être noté émane d'un prince de la maison de Savoie. Boniface, l'un des fils de Thomas Ier, frère des comtes qui se succédèrent en Savoie pendant une grande partie du XIIIe siècle, était de bonne heure entré à la Chartreuse ; mais il ne tarda pas à quitter le cloître pour suivre la carrière des honneurs ecclésiastiques. Grâce à l'influence de sa famille, il obtint d'abord l'évêché de Belley ; puis, en 1243, à l'époque où les faveurs de leur neveu, le roi Henri III, permettaient aux princes de Savoie de jouer un grand rôle en Angleterre, Boniface fut nommé archevêque de Canterbury, au grand déplaisir de la noblesse et du clergé anglais. Quelques années plus tard, vers 1250, il voulut laisser un souvenir

---

[1] *Le royaume d'Arles sous les premiers empereurs de la maison de Souabe*, dans le *Bulletin de l'Académie Delphinale*, année 1883, pp. 47, 57, et passim.

à son ancien monastère, et lui adressa un riche présent de livres. Voici en quels termes le prieur *Hugues* l'en remercia :

« Votre nouveau présent l'emporte sur vos libéralités antérieures d'autant que la sagesse l'emporte sur toutes les richesses : elle est, en effet, la nourriture de l'âme et sa réfection spirituelle..... Ce que je vous écris ne vient pas de mon fond, mais de ce livre des *Moralia,* de saint Grégoire, que jadis, quand vous quittiez dans les larmes la Chartreuse où vous aviez posé le fondement de votre sanctification, vous m'avez donné à moi, alors procureur du monastère. Je rends donc à votre piété toutes les actions de grâce que je peux, pour le don si généreux de l'ensemble des livres de la sainte Bible, qui seront un singulier secours pour notre faiblesse et un insigne témoignage de votre charité pour nous[1]. »

En 1321, *un chartreux inconnu, dom Étienne,* lors de sa profession, offrit au monastère l'ouvrage connu sous le nom de *Compendium Theologice veritatis,* qui est attribué à Albert le Grand. Il porte, à la bibliothèque de Grenoble, le n° 850.

En 1419, la bibliothèque de la Chartreuse s'enrichit de plusieurs ouvrages par la libéralité d'un novice, autrefois jurisconsulte, Jean Autier, clerc du diocèse de Limoges et docteur en décrets. Au moment de faire profession, il offrit au monastère un bel exemplaire des *Moralia* de saint Grégoire sur Job qu'il avait lui-même acheté des chartreux d'Avignon ; il y joignit un volume de saint

---

[1] Guichenon, *Histoire de la Royale maison de Savoie*, IV, I, p. 58, 8 novembre 1250.

Bernard et un volume de sermons. Le manuscrit de saint Grégoire porte actuellement le n° 53 de la Bibliothèque de Grenoble ; je n'ai pu retrouver les deux autres ouvrages. Autier ne s'en tint pas là et ajouta à ses libéralités un manuscrit juridique contenant la *Somme* de Geoffroi de Trani, sur les Décrétales et le célèbre ouvrage de Jean de Deo, intitulé *Cavillationes :* c'est le n° 402 de la bibliothèque de Grenoble ; de plus, il donna à la Chartreuse les œuvres de Nicolas de Lyre, en trois volumes, qu'il avait achetées au prix de trois cents écus.

La fin du XVe siècle apporta à la Chartreuse une libéralité plus importante. Aucun bibliophile ne traverse la grande salle de la bibliothèque de Grenoble sans y admirer l'exemplaire du *Catholicon,* de Jean de Gênes, imprimé en 1460, dont la reliure à elle seule mériterait l'attention des amateurs. Cet ouvrage, avec d'autres incunables et divers manuscrits fut offert à la Chartreuse, vers 1475, par un homme qui, après s'être fait, en Allemagne, une certaine réputation dans les lettres et la politique, vint, lui aussi, finir sa vie parmi les disciples de saint Bruno : je veux parler de Laurent Blumenau, docteur en l'un et l'autre droit, chanoine du diocèse d'Ermeland, auditeur de rote, chargé d'affaires et historien de l'Ordre Teutonique et conseiller de divers princes allemands. Deux érudits Allemands ont raconté la vie de Blumenau ; mais s'ils reconnaissent que leur héros finit par se retirer dans une maison de chartreux, aucun d'eux ne sait que c'est à la Grande-Chartreuse qu'il fit profession ; ils ignorent qu'il passa plusieurs années de sa vie dans les chartreuses de Provence, et que la bibliothèque de Grenoble conserve encore quelques débris des collections qu'il avait jadis réunies avec amour.

Aussi n'est-il pas hors de propos d'esquisser ici les grands traits de cette vie si agitée.

L'artiste du xv$^{e}$ siècle qui a peint la célèbre Danse macabre de Bâle, y a placé un jurisconsulte que la mort arrache aux affaires de ce monde. C'est qu'il vivait au milieu d'une société dont l'un des caractères les plus saillants était l'immense influence de ces juristes, hommes de naissance souvent obscure, possédant avec une certaine culture intellectuelle, une expérience consommée des affaires politiques, qui, sous le nom de conseillers ou de chanceliers, gouvernaient les innombrables principautés de l'Empire pour le compte des souverains, ecclésiastiques ou laïques, dont ils étaient les premiers et indispensables valets. Alors ces juristes constituaient, sinon une corporation, au moins une profession, dont le romancier Hauff a peint le type fort peu flatté dans une de ses œuvres les plus célèbres[1]; qu'ils fussent mariés ou engagés dans les ordres, ces personnages, serviteurs bons à tout faire, changeant de maître au gré de leur intérêt, portaient de l'un à l'autre leur érudition, leur souplesse et leur habileté. Ainsi vivaient-ils aux dépens de cette aristocratie allemande qu'ils aidaient d'ailleurs à vivre et à gouverner.

C'est à cette classe qu'appartient le donateur de la bibliothèque cartusienne, Laurent Blumenau[2].

---

[1] Le roman de *Lichtenstein*.

[2] J'ai consulté sur ce personnage les travaux suivants : Georg Voigt, *Laurentius Blumenau, Geschaeftstraeger und Geschichtsschreiber des Deutschen Ritterordens*, tiré des *Neuen Preussischen Provinzial-Blaetter*, dritte Folge (1860), IV, pp. 242 et suiv. : Max Toeppen, *die Geschichtsquellen der Preussischen Vorzeit bis zum Untergange der Ordenherrschaft*, dans les *Scriptores rerum*

Issu d'une famille bourgeoise de Prusse, docteur en droit canonique et en droit civil, il apparaît pour la première fois vers 1447; il est alors au service de l'Ordre Teutonique, déjà en butte à l'hostilité qui lui sera si funeste, de la ligue prussienne appuyée par le roi de Pologne. S'il est permis de s'en rapporter à son propre témoignage, Blumenau fut, à ce moment, l'intime confident du grand-maître de l'ordre, Conrad d'Erliczhausen, qui lui confia le soin de représenter, en cour de Rome, les intérêts des chevaliers Teutoniques. Il y participa sans aucun doute aux négociations qui aboutirent au rétablissement de la paix religieuse en Allemagne et au concordat des princes, où fut compris l'Ordre Teutonique. Ses services ne demeurèrent pas sans récompense : le grand-maître se croyait en possession du droit de conférer une prébende du chapitre cathédral du diocèse d'Ermeland : il en disposa au profit de Laurent Blumenau. Malheureusement, ce droit de collation fut énergiquement contesté par le chapitre ; aussi, pour soutenir ses prétentions, Blumenau se trouva entraîné dans un procès long et compliqué.

Blumenau avait fidèlement secondé son maître dans les

---

*Prussicarum*, IV (1870), pp. 35 et suiv. ; un passage d'un article de Wattenbach, intitulé : *Hartmann Schedel als Humanist*, dans les *Forschungen zur Deutschen Geschichte*, XI (1871), pp. 353 et suiv. Des lettres de Blumenau se trouvent dans les manuscrits latins de la Bibliothèque royale de Munich, nos 459, 466, 522. Voir l'étude de Wattenbach et le *Catalogus Codicum manuscriptorum Bibl. Regiæ Monacensis*, Munich, 1868, t. I, § 1er. Le fragment d'Histoire de l'ordre teutonique, écrit par Blumenau, se trouve dans le volume des *Scriptores rerum Prussicarum* cité plus haut.

On peut consulter aussi sur ce personnage l'article qui lui est consacré dans la *Deutsche Biographie*. Je crois Blumenau inconnu des bibliographes cartusiens.

négociations diplomatiques que Conrad, peut-être à tort, préférait à des moyens d'action plus énergiques. Moins en faveur auprès de Louis de Erliczhausen, neveu et successeur du grand-maître Conrad, il ne cessa pourtant pas d'être investi, au nom de l'Ordre Teutonique, d'importantes missions : ainsi retourna-t-il à Rome vers la fin de 1450, pour y défendre, avec la politique de l'Ordre, ses intérêts personnels engagés dans la lutte qu'il soutenait encore contre le chapitre du diocèse d'Ermeland. Vraisemblablement il sortit victorieux de ce procès dont il se refusa d'ailleurs à supporter personnellement les charges, alléguant qu'il n'avait plaidé que pour défendre les droits du grand-maître. En 1455, Blumenau portait encore le titre de chanoine d'Ermeland[1]; si, en 1453, Nicolas V avait révoqué la concession qui permettait aux grands-maîtres Teutoniques de conférer ce canonicat, ce ne fut sans doute qu'en respectant les droits antérieurement acquis.

Quoi qu'il faille penser de cet incident, Blumenau avait su mettre à profit son séjour à Rome pour se créer de nombreux amis et de puissants protecteurs. Il avait gagné notamment la faveur de Pierre de Schaumbourg, cardinal d'Augsbourg, à l'appui duquel il dut sans doute d'être nommé auditeur de rote et chapelain du Pape.

Laurent connaissait bien les hommes et les choses de la cour romaine : l'Ordre Teutonique aux abois ayant voulu profiter encore de son expérience, Blumenau revint à Rome, en 1452, pour y poursuivre de nouvelles négocia-

---

[1] Une lettre adressée par Blumenau, de Marienbourg, le 2 avril 1455, au cardinal d'Augsbourg, est ainsi signée : *Laurentius Blumenau, utriusque juris doctor, canonicus Warmiensis* (d'Ermeland). Cf. l'étude de Toeppen, citée plus haut.

tions. C'était le moment du couronnement de Frédéric III par le pape Nicolas V; il s'agissait d'obtenir du souverain allemand la condamnation de la ligue qui menaçait les chevaliers Teutoniques. Les négociations ouvertes à Rome furent continuées à Vienne; Blumenau, en dépit de l'opposition de l'un des juristes les plus célèbres de l'Allemagne, Martin Mair, à qui la ligue avait confié ses intérêts, sut obtenir de l'empereur une décision solennelle par laquelle, le 1er décembre 1453, les membres de la ligue furent déclarés rebelles.

La victoire de l'Ordre était plus apparente que réelle, car la déclaration impériale n'arrêta nullement l'agression dont il était menacé. Je n'ai pas à décrire, ici, les incidents de la lutte qu'il eut à soutenir contre les confédérés prussiens et leur allié, le roi de Pologne Casimir IV. Blumenau fut constamment associé non seulement aux négociations nouées entre l'Ordre et ses adversaires les confédérés, mais encore à celles qui eurent lieu entre l'Ordre et les mercenaires engagés à sa solde, que le moindre mécontentement rendait plus dangereux que des ennemis déclarés. Il demeura à côté du grand-maître pendant le siège de Marienbourg (1454) ; dès lors, il put facilement prévoir l'irrémédiable défaite des chevaliers Teutoniques. Aussi peu à peu se détacha-t-il du service de l'Ordre, d'autant mieux que son dévouement lui valut, en 1456, le pillage de son domicile saccagé par des mercenaires irrités de l'irrégularité de leur solde. Cet incident paraît avoir mis le comble à son découragement, qu'il avait, d'ailleurs, très vivement exprimé, dès 1455, au cardinal d'Augsbourg. « Tout est détruit par le fer et le feu, dit-il... J'ai perdu plus de cinq cents écus d'or de revenu annuel; il ne me reste que mon pauvre corps que j'exposerais pour la justice et la liberté de l'Église : plaise à Dieu que je réussisse.... »

Si Blumenau songeait depuis quelque temps à changer de maître, ce n'était pas pour louer ses talents au premier venu. Surtout se soucie-t-il fort peu de s'engager au service des communes : il affecte un profond mépris pour la bourgeoisie. A cette époque, tout ce qu'il demande à son protecteur, c'est de le recommander à quelque prince allemand. « J'aimerais bien mieux, dit-il, louer mon travail à la noblesse qu'aux bourgeois. »

En novembre 1456, Blumenau figurait encore à la Diète de Nuremberg pour y défendre les intérêts de l'Ordre Teutonique ; mais, quelques jours après, dans un acte notarié passé à Bayreuth, il déclare formellement qu'il abandonne le service des chevaliers. La séparation était, en effet, opportune : pour l'Ordre Teutonique était déjà ouverte la période d'humiliations et d'épreuves qui devait aboutir au complet triomphe du roi de Pologne, consacré par le désastreux traité de Thorn. Blumenau faisait fort bien d'aller chercher fortune ailleurs ; bientôt nous le retrouvons auprès du duc Sigismond de Tyrol, où l'attendaient de nouvelles agitations et des luttes non moins vives.

En effet, un conflit aigu mettait alors aux prises le duc Sigismond et l'évêque de Brixen, qui n'était autre que le célèbre Nicolas de Cusa, si connu par son zèle infatigable pour la réforme ecclésiastique. C'est le sort commun des réformateurs de se heurter à la résistance égoïste de ceux qui, profitant des abus, ne demandent qu'à les perpétuer ; il en fut ainsi du cardinal de Cusa. Ce n'est pas ici le lieu de rechercher les origines de cette querelle qui remontait aux débuts de l'épiscopat de Nicolas à Brixen, et qui, depuis lors, n'avait fait que s'envenimer. Quand le pape Pie II vint, en 1459, tenir le célèbre congrès de Mantoue, où il espérait unir l'Italie contre les Turcs, Sigismond lui députa d'abord Laurent Blumenau, pour y traiter des questions controversées entre lui et l'évêque de Brixen[1], et peu de temps après il se rendit lui-même à Mantoue, accompagné de Grégoire Heimbourg, juriste et pamphlétaire redouté du clergé. Ces démarches, loin d'amener la réconciliation, ne firent que précipiter la rupture; tandis qu'en janvier 1460 le Pape condamnait, par la bulle *Execrabilis,* toute tentative d'appel au futur concile, Sigismond quittait Mantoue de plus en plus irrité et disposé aux mesures extrêmes. Lui et ses conseillers entrent dans la voie de la résistance violente à l'Église : ils ne se contenteront pas d'en appeler, au Pape mieux informé et au futur concile; Sigismond ira jusqu'à attaquer de vive force le château de l'évêque de Brixen, et à détenir quelque temps prisonnier le cardinal que le monde catholique avait appris à respecter.

Blumenau se trouva personnellement engagé dans la lutte. Le duc ayant été cité devant le Pape pour répondre de l'agression dont il s'était rendu coupable, envoya Blumenau en cour romaine pour l'y représenter en qualité de procureur. Cette démarche ne réussit pas à suspendre le cours de la procédure ouverte contre Sigismond, qui fut déclaré contumace; bien plus, Laurent Blumenau accusé de doctrines hétérodoxes, poursuivi sans doute pour infraction aux prescriptions de la bulle *Execrabilis,*

---

[1] Blumenau remit un mémoire intitulé : *Memoriale doctoris Laurentii Plumnaw ad dominum Papam,* dans les *Oesterreichische Geschichtsquellen,* II, p. 139.

et pour outrage à la juridiction suprême du Pontife romain, faillit être arrêté à Sienne : les gens de son escorte furent faits prisonniers, et à l'entendre, lui-même n'aurait échappé que par la fuite à la captivité ou à un pire destin [1].

Cet incident donna un aliment nouveau à la polémique, déjà ardente, entre les partisans du cardinal et ceux du duc. Les représentants de Sigismond persistèrent dans leurs appels au futur Concile ; Grégoire Heimbourg s'empara de la tentative dirigée contre Laurent Blumenau pour y dénoncer une violation de toutes les règles du droit des gens commise contre la personne d'un ambassadeur [2]. Les défenseurs de la cour romaine ne demeurèrent pas à court d'arguments ; les deux partis échangèrent pamphlets et invectives, pendant que le Pape, par un acte du mois de janvier 1461, excommuniait solennellement les deux conseillers intimes de Sigismond, Grégoire Heimbourg et Laurent Blumenau auxquels il attribuait la qualification d'*erronei doctores* [3].

La lutte se poursuivit jusqu'à ce qu'en 1463, l'empereur Frédéric III qui, d'ancienne date, avait protégé Nicolas de Cusa, réussit à amener la réconciliation et à faire lever les censures ecclésiastiques qui pesaient sur Sigismond et ses conseillers. A la fin de 1463, Blumenau était encore

---

[1] Voir une lettre de Blumenau, du 10 janvier 1461, dans les *Sitzungsberichte* de l'Académie impériale de Vienne, classe de philosophie et d'histoire, 1850, II, p. 699.

[2] Voir l'Apologie de Heimbourg, dans Goldast, *Monarchia*, II, pp. 624, et différents documents relatifs à cette lutte, dans Chmel, *Materialien zur Oesterreichischen Geschichte*, tome II.

[3] Les sentences d'excommunication se trouvent dans Goldast, pp. 1579 et suiv. On y trouve aussi les actes des appels interjetés par les condamnés.

au service du duc de Tyrol. Plus tard, de 1466 à 1471, il figure à diverses Diètes comme représentant de l'archevêque de Salzbourg; cependant, en 1468, il est de nouveau à Rome, chargé encore une fois d'une mission pour le compte de l'Ordre Teutonique. Le temps est proche où Laurent, reconnaissant la vanité de la vie mondaine, renoncera aux affaires pour se vouer au service de Dieu : avant de le suivre dans cette vie nouvelle, il convient de faire mention de ses travaux littéraires et de montrer en lui l'humaniste à côté du politique.

Comme la plupart des hommes de son temps, Laurent Blumenau se piquait de littérature; ses voyages en Allemagne et en Italie l'avaient mis en relations avec beaucoup d'érudits. On se rappelle que Laurent avait fréquenté la cour de Nicolas V, le protecteur aussi éclairé que puissant des littérateurs et des artistes. On sait aussi que le cardinal d'Augsbourg, qui avait patronné Blumenau, était lui-même un lettré; d'ailleurs on peut alors constater à Augsbourg l'existence d'un vif mouvement littéraire.

La Bibliothèque royale de Munich conserve encore le témoignage des relations d'amitié qu'entretint Blumenau avec un bibliophile bien connu, le médecin Hermann Schedel, d'Augsbourg, oncle d'Hartmann Schedel, le célèbre humaniste. Blumenau appartenait au petit groupe d'amis dont Hermann était le centre et qui mettaient un grand zèle à cultiver les muses et à recueillir les œuvres de l'antiquité. Une de ses lettres, écrite d'Innsbruck, en 1461, au fort des luttes contre Nicolas de Cusa, montre qu'il ne perdait pas le souvenir de ses amitiés littéraires : « Salue de ma part, dit-il à Hermann, le doyen, le gardien, Louis Menting et les autres frères et sœurs de notre congrégation[1]. » Louis Menting était un patricien d'Augsbourg; la congrégation n'était point une association de clercs, mais une compagnie de lettrés.

Les associés s'appliquent à se rendre de mutuels services. Une lettre de Laurent à Hermann le montre adressant à son ami les *res gestæ populi Romani* de Sextius Rufus : il les a prises dans sa bibliothèque pour les lui envoyer [2]. « J'espère bien que cet ouvrage vous plaira, ajoute-t-il, car il vous donnera une intelligence plus facile de Salluste, des commentaires de César, de Cornelius Nepos, de Priscus, de Tacite, de Suétone, de Justin, de Josèphe, d'Orose et des autres historiens anciens et modernes.... Si la main du scribe vous plaît, je le chargerai d'exécuter un Orose [3]. »

---

[1] Voir l'article de Wattenbach, cité plus haut, p. 353.

[2] Manuscrit latin de Munich, n° 522.

[3] Est-ce à cette main que nous devons l'Orose provenant de Blumenau et maintenant conservé à la bibliothèque de Grenoble sous le n° 376 ? Il ne faudrait pas d'ailleurs confondre cet Orose avec un autre manuscrit contenant des ouvrages du même auteur, qui a aussi figuré dans les collections de la Chartreuse et a passé ensuite dans la bibliothèque de Grenoble ; on trouvait dans ce manuscrit outre l'histoire contre les païens et l'apologie d'Orose, l'histoire de la persécution d'Afrique par Victor de Vite et l'histoire des Lombards de Paul Diacre. Ce manuscrit, dont la présence à la bibliothèque de Grenoble, sous le n° 338, a été constatée par Haenel *(Catalogi*, 1830, p. 169), a été volé par Libri et se trouve maintenant dans la bibliothèque du comte d'Ashburnham ; pour détourner les soupçons, Libri y a ajouté cette mention en caractères du xv$^{e}$ siècle : Est S. Joannis in Valle. Ce fait a été établi par M. Zangemeister, qui a édité Orose dans le *Corpus scriptorum Ecclesiasticorum Latinorum* que publie l'Académie Impériale de Vienne (tome V de la collection, 1882, p. xxxv), et signalé par M. L. Delisle : *Notice sur les manuscrits du fonds Libri conservés à la Laurentienne de Florence* (Extrait du tome XXXII des *Notices et extraits des manuscrits de la Bibliothèque nationale)*, p. 107.

En revanche, dans une autre lettre, Blumenau demande à son ami un service du même genre : Il voudrait, dit-il, faire copier la traduction de la Cyropédie par Poggio ; que Schedel veuille bien chercher à Augsbourg un scribe intelligent : il le supplie de ne rien négliger pour découvrir ce copiste. En outre Blumenau ajoute qu'il possède de nombreux écrits des auteurs classiques, inconnus à beaucoup d'érudits : il désirerait les reproduire et les met à la disposition de Schedel, pour le cas où lui-même serait disposé à en faire exécuter des copies.

Ainsi, les incidents de la vie politique n'éteignent en rien l'amour de Blumenau pour les belles-lettres. Nous savons qu'il acquit, en Italie ou ailleurs, un bon nombre de manuscrits où étaient contenus notamment les ouvrages de Virgile, d'Horace, de Lucain, de Boèce et des historiens latins. Toutes ses prédilections étaient d'ailleurs tournées vers l'histoire. Il aimait, comme le prouvent ses lettres, à étudier les révolutions des monarchies de l'antiquité ; quand il comparait les princes de son temps aux empereurs romains, il trouvait le rapprochement fort peu flatteur pour ses contemporains. « Les empereurs de l'antiquité, dit-il, cherchaient, par la guerre, à atteindre le comble de la gloire ; nos princes, qui suivent l'Évangile en toute humilité, offrent la joue droite à qui les frappe sur la joue gauche, afin d'arriver par là au royaume des cieux. C'est, à coup sûr, une conduite vertueuse, mais elle n'est pas pour affaiblir les forces du Turc et ni pour faire des princes chrétiens les émules d'Octave. »

Blumenau ne se borna pas à réunir dans sa bibliothèque les grands historiens de l'antiquité ; lui-même essaya d'écrire l'histoire. Vers 1455, il se mit à rédiger les annales de l'Ordre Teutonique, au service duquel il avait passé de longues années. Toutefois pour retracer les événements contemporains où se débattaient les intérêts vitaux de l'ordre, il fallait plus d'audace que n'en possédait Laurent Blumenau; aussi s'arrêta-t-il court au milieu de son sujet. Quand il écrivit à son ami, Léonard Geissel, vicaire à Augsbourg, pour lui envoyer son œuvre, il lui expliqua fort bien les motifs de prudence qui l'avaient amené à suspendre son travail. Son style est d'ailleurs une imitation assez gauche de celui des humanistes; les belles-lettres, au moins, ne paraissent pas avoir à regretter la timidité de Blumenau[1].

Telle fut la vie de Laurent Blumenau jusqu'aux environs de l'année 1470. Il avait servi successivement plusieurs princes avec une égale fidélité, ne portant sans doute pas un intérêt plus profond à l'un qu'à l'autre, se guidant par cette maxime que l'on peut recueillir dans une lettre adressée par lui, en 1455, au cardinal d'Augsbourg : « Toute terre qui m'abritera me servira de patrie, *utar temporali omni terra quasi patria.* » Il s'était au moins laissé conduire, en tous temps, par un principe qui semble persister à travers tous les incidents de sa vie : il faut servir les princes, parce que les princes sont la source de tout honneur et de toute fortune. Ce n'est pas qu'il fût incapable de pensées sérieuses, il aime la philosophie, les idées générales sur la destinée de l'homme, sur le néant des choses humaines. Peu à peu, il semble plus frappé de vanité universelle : en 1468, il écrit à son vieil ami

[1] Cette œuvre, conservée dans un manuscrit de Munich, a été publiée dans le tome IV des *Scriptores rerum Prussicarum* (Voir plus haut, p. 321).

Schedel, usé par la goutte, une lettre où il s'efforce de le ramener à des sentiments meilleurs. « Le temps est passé pour lui de se laisser séduire par des joues vermeilles, des dents d'ivoire et des yeux clairs ; maintenant il faut songer à la rapidité avec laquelle Pluton l'entraînera dans les flots de l'Achéron et, bientôt, devant Radamanthe. » C'est sous ce déguisement mythologique que Blumenau, en bon humaniste, cache les pensées austères qui bientôt le détermineront lui-même à une complète conversion.

Le premier protecteur de Laurent, le grand-maître Conrad de Erliczhausen, avait donné des preuves éclatantes de sa sympathie pour l'ordre des chartreux ; en 1440, il avait fondé la chartreuse de Schiefelbein, en Prusse. Ainsi, dès les premières années de sa vie active, l'attention de Laurent avait dû être attirée sur les disciples de saint Bruno. Trente ans après, il se ressouvint sans doute de ses premières impressions ; quand il voulut quitter le monde, c'est à la porte de la Chartreuse qu'il vint frapper. Nous n'avons pas de renseignements sur les incidents qui, de ce politique doublé d'un lettré, firent un religieux fervent ; nous savons seulement qu'il fit profession à la Grande-Chartreuse et qu'il y avait déposé un testament, brûlé plus tard, dans l'incendie qui dévora le couvent en 1473. Alors, avec la permission du prieur, il rédigea de nouveau ses volontés dernières ; il y distribuait une partie de ses biens à des parents de Prusse et ordonnait un certain nombre de legs pieux.

Dans sa retraite, Laurent Blumenau se souvint de ses talents d'écrivain et de canoniste : il écrivit un traité dont la bibliothèque de la Chartreuse a conservé un fragment ; c'est une nomenclature des péchés que l'on peut commettre par la parole, avec des citations du Décret à l'appui ; ce fragment est tiré *ex commento domini Laurentii de Blumenau Cartusiensis*[1]. Il se flattait peut-être de vivre dans le recueillement et dans l'étude : s'il s'était nourri de cette espérance et s'il avait espéré trouver au désert le repos absolu, il s'était singulièrement mépris ; les dignités vinrent bien vite le chercher. Il fut prieur de la chartreuse d'Avignon et visiteur de la province cartusienne de Provence ; d'après des témoignages contemporains, il se fit remarquer dans ces fonctions par un grand amour de la justice, que, peut-être, il devait à ses études juridiques d'autrefois[2]. C'est ainsi qu'il passa les dernières années de sa vie ; il ne m'a pas été possible de préciser l'année et les circonstances de sa mort[3].

Plusieurs des livres les plus précieux de sa bibliothèque ont été attribués par lui à la Grande-Chartreuse ; ils ont suivi le sort des livres de la Chartreuse et sont maintenant déposés à la Bibliothèque municipale de Grenoble. Tous les ouvrages qui viennent de lui se reconnaissent facilement à ce signe : ils portent l'*ex-libris* : *Liber Magistri Laurentii Doctoris,* avec un écu d'argent, à la bande de sable, accompagnée de deux têtes de Mores. Je puis

---

[1] Manuscrit de Grenoble, Y 331, f^os 198 et suiv.

[2] Cf. Tromby, *Storia di S. Brunone et dell'Ordine Cartusiano*, IX, 132. Tromby donne à Laurent le nom d'Ulmenar, au lieu de Blumenau.

[3] Le nécrologe de la Grande-Chartreuse conservé à la bibliothèque de Grenoble (mss, n° 218) porte, au 21 juillet, la mention suivante :

« Domnus Laurentius Blumenaw, professus Cartusie, perpetuo fundavit dimidiam libram de madrianis, circà festum B. Marie-Magdalene cuilibet monacho Carthusie et Curerie dandam ». Sur les *Madriani,* voir Ducange, v° Mazer.

signaler les ouvrages suivants comme provenant de la bibliothèque de Blumenau :

Parmi les manuscrits, les Novelles de Jean André sur les Décrétales [1], *en deux volumes*; la Somme du même auteur sur le quatrième livre des Décrétales ; son Apparat sur les Clémentines; un commentaire sur la constitution *Execrabilis* [2], etc. ; le *Speculum juris* de Guillaume Durant, évêque de Mende l'un des canonistes les plus répandus au moyen âge [3]; un manuscrit de Virgile [4]; enfin un manuscrit d'Orose, contenant en outre le texte si souvent reproduit *au moyen âge des sept merveilles* du monde [5]. Ces deux derniers manuscrits sont du XV^e^ siècle.

Parmi les imprimés, la Chartreuse doit à Laurent Blumenau le superbe Catholicon dont j'ai parlé, et la belle édition des œuvres de Bartole, imprimée à Venise par Jean de Cologne, entre 1470 et 1480. Sur la dernière page de l'un des volumes de cette édition, se trouve une note écrite de la main du donateur [6], qui permet de reconnaître en Laurent Blumenau, sans aucune hésitation possible,

---

1 N^os^ 45 et 45 *bis*.

2 N° 46,

3 N° 48.

4 N° 138.

5 N° 376.

6 Cette note se trouve à la suite d'une table manuscrite du Commentaire de Bartole sur le Code : « Explicit tabula.... foliorum super prima parte Codicis in lecturam Bartoli per fratrem Laurentium Blumenaw Cartusiensem et utriusque juris doctorem minimum congestam qui hanc et ceteras ejusdem Bartoli lecturas donavit *prime Cartusie, matri dicte* religionis et sue professionis loco. Orate, queso, pro eo, optimi patres. » A la fin du premier volume de Bartole, sur le Digeste, on trouve cette note : « Ego fratter Laurentius Blumenaw.... posteris et matri ordinis nostri Cartusiensis decem volumina Bartoli quorum illud primum est, dono dedi et ut pro me et pro meis orent queso humiliter. »

le maître Laurent, porteur des armoiries que je viens de décrire.

Les libéralités de Blumenau furent bientôt dépassées par un don plus splendide encore. L'un des bibliophiles les plus connus du Dauphiné à la fin du XV^e^ siècle était François du Puy, d'abord official de Valence, puis official de Grenoble au temps de l'évêque Laurent Allemand. A Grenoble, du Puy avait fait preuve de ses qualités d'érudit et de son goût ponr les recherhes et les classifications : il avait établi l'inventaire des archives de l'Évêché[1] ; et après avoir accompagné Laurent Allemand dans la visite de toutes les paroisses du diocèse (sauf à Villard-Reculas où la fatigue et l'inexpérience de la montagne ne lui permirent pas de suivre l'évêque), il avait rédigé, en 1497, le Pouillé du diocèse de Grenoble[2]. Quelques années plus tard, vers 1500, François du Puy quitta le monde pour se retirer à la Grande-Chartreuse ; bientôt il y fut élevé à la charge de prieur et gouverna l'ordre jusqu'à sa mort, survenue en 1521[3]. Son gouvernement marque une période brillante pour les chartreux ; du Puy obtint la canonisation du fondateur de l'ordre, releva de ses ruines la Chartreuse de Calabre où saint Bruno était mort, fit pro-

[1] Voir cet inventaire aux archives départementales de l'Isère, série G, fonds de l'évêché de Grenoble. Cf. abbé Bellet, *Notice historique sur Aymon I^er^ de Chissé,* p 108 ; abbé U. Chevalier, *Visites d'Aymon de Chissé,* p. XVI ; Marion, *Cartulaire de l'Église de Grenoble,* p. LXXIII.

[2] Cf. un article de M. l'abbé U. Chevalier dans la *Revue critique d'histoire et de littérature,* 15 janvier 1870.

[3] La biographie détaillée de François du Puy est encore à faire : ce sujet mériterait de tenter quelque bibliophile dauphinois. Ses armes, qui se retrouvent sur tous ses livres, étaient d'argent, à trois cœurs posés deux et un, au chef d'azur chargé de trois couronnes d'or.

céder à une nouvelle revision des statuts et recueillir la législation cartusienne dans un beau volume imprimé à Bâle par Amorbach. Lui-même ne négligea point l'étude : il a laissé une *Vie de saint Bruno* et une *Chaîne sur les Psaumes.*

La bibliothèque cartusienne prit alors une importance extrême, car François du Puy lui apporta son admirable collection de manuscrits et d'incunables. Pour juger de la richesse de cette collection, il suffira de savoir que, maintenant encore, après les dévastations qu'a subies, au XVI$^{e}$ et au XVII$^{e}$ siècles, la bibliothèque de la Chartreuse, on conserve à Grenoble sept manuscrits et environ soixante-quinze incunables, dont beaucoup en plusieurs volumes, qui proviennent de la bibliothèque de l'ancien official de Grenoble. Les ouvrages de droit y dominent, mais on y rencontre assez d'ouvrages de théologie, de philosophie, de belles-lettres et d'histoire, pour constater la largeur de vues et l'activité intelligente de l'homme qui sut les réunir.

Citons, parmi les ouvrages qui ont appartenu à du Puy :

En manuscrits :

Un apparat de Jean André sur les *Clémentines;* suivi d'un recueil des Constitutions de Jean XXII ;

Les commentaires d'Antoine de Butrio sur les Décrétales ;

Le commentaire de Zabarella sur le troisième livre des Décrétales ;

L'apparat de Gui de Baysio sur le Sexte ;

Un très intéressant recueil de mémoires sur le grand schisme. Ces mémoires sont presque tous dirigés contre les propositions faites en 1395 par l'Université de Paris, pour rétablir l'union de l'Église par voie de cession ; ils émanent de prélats du Midi de la France, appartenant à l'entourage de l'antipape Benoît XIII. Les plus importants ont été publiés, d'après ce manuscrit, par Baluze, dans ses *Vitæ Paparum Avenionensium*.

Je me borne à citer quelques-uns des incunables de du Puy, m'en rapportant, pour le reste, à l'inventaire des incunables, dont nous serons bientôt redevables à l'érudition du conservateur de la bibliothèque de Grenoble.

La philosophie et la théologie occupaient une large place dans la bibliothèque. Le Maître des sentences et ses commentateurs, Albert le Grand, saint Thomas d'Aquin, saint Bonaventure, Alexandre de Hales, Ockham, Richard de Middleton, etc., y figuraient avec honneur à côté de Platon, traduit par Marsile Ficin, et de quelques ouvrages d'Aristote. On y trouvait les ouvrages de Pierre d'Ailly, de Gerson et de Torquemada ; une belle collection de sermonnaires et un nombre considérable de livres d'ascétisme ou de dévotion, en tête desquels se plaçaient les œuvres de Ludolphe le Chartreux, et plusieurs de ces miroirs si répandus au XVe siècle (*speculum humanæ salvationis, speculum sacerdotum, ars moriendi*). Parmi les Pères de l'Église, l'existence d'une édition de Cassien décèle déjà les goûts monastiques de l'official de Grenoble.

Après les lettres sacrées viennent les lettres profanes, pour lesquelles du Puy montrait une intelligente curiosité, achetant les éditions nouvelles qui paraissaient fréquemment de son temps. C'est ainsi qu'il réunit (plus ou moins complètement) des auteurs tels que Plaute, César, Cicéron, Lucain, Properce, Juvénal, Quintilien, Valère-Maxime, Macrobe, Frontin, Végèce, Strabon, Varron, Festus, Nonius Marcellus ; il possédait en un volume les écrits attribués à Caton et si célèbres à ce titre, le *Facetus* ou le *Floretus*, et les fables d'Ésope. Point d'œuvres littéraires du moyen âge, point de romans de chevalerie ; parmi les représentants de la grammaire du moyen âge, on ne peut citer que Jean de Garlande. Toutefois François du Puy avait fait une exception qui honore son goût : il avait acquis une édition de la *Divine Comédie*.

L'histoire était représentée par saint Antonin de Florence et par un volume des *Grandes Chroniques de France ;* les sciences naturelles par le *de Memorabilibus mundi* de Solinus et d'autres ouvrages d'érudition. Les géographes pouvaient compulser, dans cette bibliothèque, l'itinéraire en Terre-Sainte de Bernard de Breydenbach. Mais c'était surtout le jurisconsulte qui devait faire son profit des trésors accumulés par du Puy, en vue d'études de droit civil aussi bien que de droit canonique. Qu'il me suffise de citer les œuvres d'Azon, de Bartole, de Balde, les textes de droit romain imprimés avec les gloses ; une édition de la Somme rurale de Bouteiller ; les œuvres de canonistes tels que Guillaume Durant, l'Astesan, Pierre d'Ancarano, Zabarella, l'*Abbas Siculus ;* des collections de décisions de la Rote ; des traités pratiques (Sommes sur les vices, traités sur la confession, etc.).

J'ai essayé de donner une idée de cette bibliothèque si variée, qu'avait su réunir un homme de goût, à la fois théologien, littérateur et jurisconsulte[1]. Elle entra tout entière dans la bibliothèque de la Chartreuse ; aujour-

[1] Je ne dois pas omettre de mentionner que l'on conserve à la Bibliothèque de Grenoble le bréviaire de François du Puy, sur la garde duquel il a transcrit la liste des jours où il avait coutume de célébrer la messe.

d'hui encore, après avoir subi plus d'une perte, les manuscrits et les incunables de du Puy constituent un des fonds les plus importants de la bibliothèque municipale de Grenoble. Tous les livres qui lui ont appartenu sont soigneusement marqués de son nom et de ses armes ; parfois, du Puy a indiqué la provenance des ouvrages qui figuraient dans sa bibliothèque ; partout, on sent la main du bibliophile qui traitait ses livres avec amour.

## V.

Quel pouvait être, au temps de François du Puy, l'état de la bibliothèque de la Chartreuse ?

Sans doute, la collection fondée par saint Bruno et ses compagnons s'était largement augmentée, grâce au travail des religieux, grâce à des acquisitions, grâce à des libéralités. Malheureusement, l'état actuel des manuscrits et des incunables transportés de la Chartreuse à Grenoble au commencement de ce siècle, et actuellement conservés à Grenoble, ne peut que nous donner une idée très imparfaite de la bibliothèque cartusienne dans les premières années du XVI^e^ siècle. En effet, il ne faut pas l'oublier, la Chartreuse a été brûlée six fois[1]. Si, à diverses reprises, par exemple en 1371, les livres furent sauvés par le zèle intelligent des religieux, il n'en est pas moins certain que les collections ont dû être singulièrement réduites

---

[1] En 1320, en 1371, en 1473, en 1562, en 1592, en 1676. Voir sur ces incendies l'intéressant ouvrage : *la Grande-Chartreuse*, par un chartreux.

par le feu [1]; de plus, chacun sait qu'en 1562, les bandes protestantes du baron des Adrets mirent à sac le monastère. On peut donc être convaincu qu'un grand nombre de manuscrits et d'incunables ont été la proie de l'incendie ou des pillards; les collections qui existaient à la Chartreuse au temps de du Puy ont certainement subi des pertes très graves avant d'arriver jusqu'à nous. Cette considération explique qu'à la fin du XVIII^e siècle, même après s'être accru des manuscrits de la chartreuse de Portes, le fonds de manuscrits de la Grande-Chartreuse ne comptait que trois cent trente-huit ouvrages, nombre évidemment médiocre pour une bibliothèque dont jadis la réputation avait été si étendue.

Un catalogue dressé à la Grande-Chartreuse dans la seconde moitié du XV^e siècle fournit des renseignements précieux sur la composition de la bibliothèque à cette époque. D'après la tradition qui avait cours à la Grande-Chartreuse, cet inventaire avait été fait « du temps et par l'ordre de nostre R. P. François Dupuis, parce qu'il y a quelques livres qui, au *commencement* ou à la *fin*, sont marquez avoir été acheptez par luy devant qu'il fût Chartreux. » J'ignore si cette tradition est fondée : ce qui me fait concevoir des doutes, c'est qu'une foule de manuscrits et d'incunables donnés par du Puy à la Chartreuse ne sont pas inscrits dans ce catalogue; notamment en ce qui concerne les livres de droit, qui sont inventoriés avec soin, on n'y trouve aucune mention de la riche collection apportée par du Puy. Il y a plus : on n'y trouve pas mention des livres de droit apportés par

[1] On verra dans le texte que je publie ci-dessous, un manuscrit signalé comme abîmé par le feu.

Laurent Blumenau, qui ont dû entrer à la Chartreuse entre 1470 et 1480. On serait donc amené à conclure de ces faits que le catalogue a été rédigé avant 1470, d'autant plus qu'on n'aperçoit pas nettement dans cette liste les livres qui proviendraient de la bibliothèque de du Puy. Toutefois, en pareille matière, il semble qu'il faille tenir grand compte de l'opinion qui avait cours à la Chartreuse. Il est d'autant plus difficile de se prononcer contre cette opinion que sûrement le catalogue est incomplet : par exemple, il ne contient pas la trace de divers ouvrages de grammaire qui se trouvaient alors à la Chartreuse.

Le plus sage est donc de ne prendre le catalogue que pour une liste incomplète des ouvrages qui, à une époque incertaine, entre 1450 et 1500, composaient la bibliothèque cartusienne. Cet inventaire nous aidera d'ailleurs à nous former une idée de la composition de cette bibliothèque vers 1500 ; mais comme à coup sûr le document présente des lacunes, il faut, pour les combler, avoir recours à la liste qu'il est possible de dresser des manuscrits et incunables entrés à la bibliothèque de la Chartreuse avant cette époque et conservés maintenant à la bibliothèque de Grenoble. C'est à l'aide de ces documents que nous essaierons de décrire sommairement la bibliothèque de la Chartreuse vers 1500 ; nous nous garderons d'oublier, en ce faisant, que beaucoup des volumes inscrits au catalogue du XVe siècle ne se retrouvent plus dans la bibliothèque de Grenoble ; évidemment, ils ont disparu dans les vicissitudes qu'a traversées la bibliothèque des chartreux.

On y trouvait en première ligne un certain nombre de Bibles, et d'abord des Bibles en manuscrits de grand format, souvent décorées avec luxe, ornées d'initiales du XIIe siècle dessinées et peintes parfois avec un goût exquis. Dans ces manuscrits, qui pour la plupart sont parvenus à la bibliothèque de Grenoble, les livres de la Bible sont disposés, ou à peu près, dans l'ordre suivant lequel la liturgie cartusienne en prescrit la lecture ; en effet, ces manuscrits de grand format, écrits en gros caractères, servaient à la lecture ordonnée par la liturgie à l'office de nuit, par la règle au réfectoire ; des indications placées en marge indiquent la division des leçons. On rencontre à côté de ces manuscrits des Bibles de format ordinaire, destinées à l'usage personnel des religieux ; les unes et les autres contiennent quelquefois, en tête des divers livres, des sommaires ou *capitulations* qui ne se retrouvent pas dans les autres manuscrits de la Bible et qui, par conséquent, peuvent être considérés comme caractéristiques des Bibles cartusiennes[1].

La bibliothèque de la Chartreuse possédait en outre une riche collection de livres de la Bible glosés ; le plus souvent la glose qui accompagne ces lignes est la glose interlinéaire d'Anselme de Laon et la glose marginale de Walafrid Strabon. Non seulement on étudiait la Bible dans le texte et dans la glose ; mais les religieux aimaient encore à recourir aux commentaires des Pères, parmi lesquels on remarque surtout ceux de saint Jérôme, de Bède le Vénérable, de Raban Maur, de Walafrid Strabon, de Remi d'Auxerre.

Il faut citer ensuite les livres liturgiques, bréviaires, antiphonaires, graduels, épistolaires, lectionnaires conte-

---

[1] Je dois cette observation à l'obligeante érudition de M. Samuel Berger, professeur à la Faculté de théologie protestante de Paris.

nant ou des homélies ou des vies de saints. On sait quelle place tient l'office du chœur dans la vie cartusienne ; on ne s'étonnera pas de l'importance des livres liturgiques pour les chartreux.

A côté de l'Écriture Sainte et de la liturgie, se place la série de livres de spiritualité qui répond plus particulièrement aux prédilections de l'ordre des chartreux ; tout d'abord, on y remarque les œuvres de saint Augustin ; sur soixante-treize manuscrits des Pères, on en compte vingt-trois qui contiennent les œuvres de l'évêque d'Hippone. A la suite des œuvres de saint Augustin, viennent les livres des grands mystiques chrétiens qui se sont spécialement inspirés des tendances Augustiniennes : saint Anselme, saint Bernard, Hugues et Richard de Saint-Victor, saint Bonaventure, Gerson, l'Imitation ; les chartreux possèdent les ouvrages capitaux, peu de mystiques de second ordre.

Vient ensuite l'encyclopédie de Vincent de Beauvais : puis une large collection des Pères de l'Église. Après saint Augustin, on y trouve saint Ambroise, saint Hilaire, saint Avit, saint Fulgence (dont les manuscrits ont été consultés à la Grande-Chartreuse par Sirmond, à Portes par Chifflet), saint Pierre Damien, saint Bruno, Hildebert de Lavardin, etc. ; ajoutez-y quelques traductions de saint Basile et de saint Chrysostôme. La théologie du moyen âge est représentée par le Maître des Sentences, saint Thomas d'Aquin, saint Bonaventure, quelques ouvrages d'Albert le Grand, les Sommes de Guillaume d'Auxerre, de Pierre de Poitiers, de maître Beleth, la Panthéologie de Raynier de Pise, etc. ; il faut y joindre un manuscrit unique d'une œuvre hétérodoxe de la fin du XIIe siècle, le *Liber de vera Philosophia*, dont l'auteur, héritier des doctrines de Gilbert de la Porrée, est l'adversaire acharné de saint Bernard et de Pierre Lombard et le précurseur de Joachim de Flore[1].

L'ascétisme peut, tout d'abord, présenter les *Collationes Patrum*, de Cassien, la règle de saint Benoît, celle de saint Augustin exposée par Humbert de Romans. On y remarque ensuite les ouvrages que Denys le Chartreux, après Gerson, considère comme particulièrement utiles aux novices : les *Moralia*, de saint Grégoire, les œuvres de Jean Climaque, les ouvrages et sermons de saint Bernard, les *Summæ de viciis et virtutibus*, notamment celle de Guillaume Perault ; enfin, des vies de saints, surtout de ceux qui se sont sanctifiés dans l'état monastique. Il convient de ranger dans cette catégorie d'ouvrages les *Contemplations*, de Guigues, prieur de la Chartreuse au XIIe siècle, son livre *de quadripartito exercitio cellæ*, la *Doctrina Cordis*, du dominicain Gérard de Liège, les *Contemplations*, de Jourdan d'Uzès, le *Cordiale*, les Miroirs du XVe siècle, la « *Vigne Nostre-Seigneur* », le *Stimulus Amoris ;* enfin, on ne peut se dispenser d'ajouter à cette liste des oraisons tirées des œuvres de saint Anselme, des exercices de dévotion en l'honneur de la Passion, de Notre-Dame-des-Sept-Douleurs, etc. ; la belle étude de dom Boutrais sur Lansperge le Chartreux[2] a montré quelle place occupaient dans la vie cartusienne les dévotions qui se proposaient pour objet la personne

---

1 Ce manuscrit a été étudié dans une notice publiée en 1886 dans la *Bibliothèque de l'École des Chartes*, sous ce titre : *Un adversaire inconnu de saint Bernard et de Pierre Lombard.*

2 *Lansperge le Chartreux et la dévotion au Sacré-Cœur*, par dom Cyprien-Marie Boutrais, Chartreux. Grenoble, 1878, in-12.

et les douleurs de l'Homme-Dieu, et quelle influence les chartreux ont exercée par là sur la direction générale de la piété chrétienne. Évidemment on n'avait eu garde d'oublier dans cette collection les œuvres de chartreux tels que Denys et Ludolphe.

La collection de sermonnaires était considérable ; elle s'accrut encore par suite des libéralités de du Puy. On y trouvait les œuvres des orateurs les plus répandus au moyen âge, Jean d'Abbeville, Guillaume Perault, etc., et aussi des recueils de sermons capitulaires à l'usage de l'Ordre cartusien.

Beaucoup d'ouvrages de droit sont connus du lecteur comme provenant des dons d'Autier, de Blumenau ou de du Puy. Il faut signaler cependant, parmi les manuscrits appartenant au fonds primitif de la Chartreuse : un exemplaire des *Fausses Décrétales*[1], qui mérite de faire l'objet d'une étude spéciale, et deux exemplaires du décret de Gratien[1] ; en outre, le *bréviaire des Décrétales* de Bernard de Pavie ou *Compilatio prima,* la Somme d'Astesan, les *Casus Decretorum* de Barthélemy de Brescia ; deux recueils très intéressants de droit canonique et civil : l'un d'eux, étudié par Savigny et Haenel, contient des questions de droit qui y furent recueillies en vue des discussions hebdomadaires des étudiants ; l'autre, avec de nombreux ouvrages de Placentin, renferme une *Summa institutionum* qui paraît inédite.

Parmi les ouvrages historiques, outre l'Orose provenant de Blumenau, les écrits de saint Antonin de Florence et

---

[1] Signalé par M. de Schulte dans son *Iter Gallicum :* extrait des *Sitzungoberichte* de l'Académie Impériale de Vienne, classe de philosophie et d'histoire, année 1868, pp. 369 et suiv.

quelques recueils de vie de saints, on remarquera l'*Histoire scolastique* de Pierre le Mangeur. Entre autres ouvrages représentant la grammaire, il faut ajouter à ceux qu'avait réunis du Puy le *Doctrinal* d'Alexandre de Villedieu et le *Grécisme* d'Évrard de Béthune.

Dans la catégorie des belles-lettres se placent, outre les ouvrages donnés par Blumenau et du Puy, le *de Oratore* et l'*Orator* de Cicéron ; un recueil des poètes latins chrétiens où figurent Prudence, Sedulius, Arator, etc[1].

De cet aperçu très sommaire, il semble qu'une conclusion se dégage clairement ; les chartreux ont cultivé surtout l'ascétisme ; ils s'y sont préparés par l'étude de l'Écriture Sainte et de la théologie ; mais ils n'ont refusé absolument leur attention ni à la jurisprudence, ni à la grammaire, ni aux représentants les plus autorisés des lettres profanes. En effet, la connaissance du droit canonique leur était indispensable, celle des belles-lettres était d'une utilité évidente dans un ordre qui a fourni tant d'écrivains : les traités de la perfection chrétienne ne perdent rien à être écrits en bon style. Ainsi, les chartreux n'ont pas méprisé la culture intellectuelle, comme le témoigne la composition de leur bibliothèque ; mais ils ne s'en sont servis que pour arriver à la vie parfaite, objet suprême de leurs efforts. Chez eux la science et la sagesse mondaines n'ont jamais été considérées comme un but mais comme un moyen.

---

[1] L'un d'eux a été utilisé par M. de Schulte dans sa dissertation : *die Paleæ im Decret Gratians*. Voir la collection citée à la note précédente, année 1874, p. 301.

# REPERTORIUM LIBRORUM DOMUS CARTUSIE[1]

Ista sunt volumina beati AUGUSTINI :

Primum volumen : Augustinus de civitate Dei.

Augustinus de sermone Domini, in quo habetur explanatio super epistolas Johannis.

Augustinus de Trinitate.

Epistole ejusdem.

---

[1] Tiré d'un manuscrit provenant de la Grande-Chartreuse où il portait le n° 338 ; conservé à la bibliothèque de Grenoble sous le n° 107. Ce manuscrit est en papier et comprend 81 feuillets, dont 9 sont demeurés blancs : les feuillets blancs se trouvent à la fin. Il est relié en basane. Le manuscrit paraît avoir été rédigé entre 1450 et 1470.

On trouve *en tête* les notes suivantes :

« Il y a apparence que cet inventaire a esté fait du temps et par l'ordre de nostre R. P. François Dupuis, parce qu'il y a quelques manuscrits dans cet inventaire qui, au commencement ou à la fin, sont marquez avoir esté acheptez par luy devant qu'il fut Chartreux. » (Note écrite à la Chartreuse, XVII<sup>e</sup> siècle.)

« Ce catalogue contient l'inventaire des manuscrits et de quelques livres imprimés qui, à l'époque où il fut fait et que la note ci-dessus peut faire trouver approximativement, composaient la bibliothèque de la Grande-Chartreuse. Cette bibliothèque a été, à la Révolution, transportée en partie à la bibliothèque publique de Grenoble ; mais on n'y a pas trouvé tous les manuscrits indiqués dans ce catalogue, parce que la plupart de ces volumes furent détruits lors de l'incendie de la Grande-Chartreuse, sous le généralat de dom Le Masson. Il se trouve dans les manuscrits transportés à Grenoble plusieurs volumes qui ne sont pas compris dans ce catalogue ; c'est sans doute parce qu'ils avaient été acquis par les Chartreux postérieurement à sa rédaction, ou qu'ils provenaient de la bibliothèque de la Chartreuse de Portes, dont les manuscrits furent envoyés à la

Augustinus contra Faustum et contra Adumantum *(sic)*.

Augustinus contra Julianum majorem et gesta cum Emerito.

Augustinus de consensu Evangelistarum.

Augustinus super Genesim ad litteram.

Volumen questionum et locutionum beati Augustini super *Eptaticum*.

Enchiridion beati Augustini.

Augustinus de musica.

Confessiones Augustini.

Speculum Augustini.

Augustinus contra Petilianum.

Augustinus de nuptiis et concupiscentia et sermo de baptismo parvulorum, et contra duas epistolas Pelagianorum ad Bonifacium papam.

Augustinus contra mendacium, et de gracia novi Testamenti ; duo dialogi Augustini et sermo contra hereses.

Augustinus de epistola ad Romanos, in quo idem ad Simplicianum episcopum, et contra epistolam Manichei ; idem de natura et gratia ; idem ad Orosium, idem de correctione Donatistarum ; idem contra sermonem Arrianorum ; et altercatio cum Maximo *(sic)* Arriano ; et contra Maximinum ; et sub qua cautela Manichei suscipi debeant ;

---

Grande-Chartreuse avant 1700. » (Note de *Champollion, conservateur* de la bibliothèque de Grenoble.)

La publication prochaine, par les soins du Ministère de l'Instruction publique, du catalogue méthodique des manuscrits de la bibliothèque de la ville de Grenoble permettra, dans une certaine mesure, de déterminer ceux des manuscrits portés au présent inventaire qui sont encore conservés. Cette identification sera nécessairement très incomplète, à raison de l'insuffisance de la description des ouvrages signalés dans notre inventaire.

et epistola Johannis Pape de fide ; et collatio Trinitatis Augustini et littere Gelasii Pape ad Carthusienses[1].

Augustinus de doctrina christiana, et contra Felicianum ; et ejusdem dialogus cum Orosio ; idem de omnibus heresibus ; idem super epistolas ad Galatas ; et inchoata expositio super epistolam ad Romanos ; idem contra Felicem ; idem contra Pélagium et Celestium, et Augustinus imperfectus super Genesim et ejusdem libri super dialeticam et super cathegorias Aristotelis.

Augustinus : liber 2us de doctrina Christiana.

Augustinus de agone christiano et de baptismo.

Augustinus de Achademicis, et de beata vita, et de ordine, et de magistro, et de mendacio.

Augustinus : contra inquisitiones Januarii, et contra sex questiones paganorum, et de videndo Deo ad Paulinam ; idem alius de eodem de presentia Dei ; idem ad Jeronimum libri duo, et due epistole Prosperi.

Et Augustinus de predestinatione morali et perseverantia contra Maxilienses, et quedam epistola Celestini Pape.

Augustinus de natura boni, et de utilitate credendi et de baptismo parvulorum, et de unico baptismo, et de spiritu et littera ; idem contra adversarium legis et prophetarum, et annotationes ejusdem in Job.

Augustinus de origine anime et due ejus epistole ; idem de gracia et libero arbitrio et de correctione et gracia ; idem de Genesi contra Manicheos ; idem de sancta

---

[1] Ce manuscrit est perdu ; la lettre de Gélase II, qui y est indiquée, n'est pas mentionnée dans les *Regesta Pontificum* de Jaffé-Wattenbach.

Virginitate, et de fide et simbolo et tractatus quidam contra Manicheos.

Soliloquia Augustini, et de immortalitate anime ; et de libero arbitrio ; et de moribus Ecclesie catholice, et de moribus Manicheorum, et acta Augustini contra Fortunatum ; et miraculum de Petro Igneo [1].

Augustinus de questionibus LXXXIIII ; et de questionibus Evangeliorum, et de catechizandis rudibus ; et de duabus animabus ; idem de divinatione demonum.

Augustinus de vera religione et de perfectione justicie hominis ; idem contra Parmenianum in eodem libro.

Sermones Augustini de simbolo et de quatuor virtutibus, de cantico novo, de agricultura dominica, de cathaclismo, de tempore barbarico ; et dicta de fide catholica.

Augustinus super Psalmos, secunda pars.

Expositio super epistolas Pauli ad Romanos et ad Corinthios primam, studio venerabilis Bede ex libris beati Augustini excerpta.

Augustinus super ceteras epistolas, et secundum volumen venerabilis Bede extractum ex libris Augustini.

Augustinus contra Petilianum et Cresconium ; et est volumen magnum in quo habentur XL libri ejusdem de diversis.

Liber retractationum Augustini, et de perfectione justicie, et de vera religione.

Liber retractationum ejusdem in libris de Trinitate.

Duodecim sollempnes sermones Augustini ; et trac-

---

1 Incident concernant Pierre l'Igné, cardinal-évêque d'Albano à la fin du XI$^{e}$ siècle.

tatus ejusdem de pastoribus; et de articulis fidei beati Thome; et etiam de sacramentis Ecclesie.

Excerpta ex libris Augustini.

Liber supplicationum Augustini.

Augustinus super psalmos : primum volumen.

Idem super psalmos : secundum volumen.

Expositio regule beati Augustini.

Regula Benedicti et Augustini de professione monachorum.

Suspiria beati Augustini : parvus liber in pergameno.

Epistola beati Augustini, que alias dicitur speculum peccatorum, in papiro.

Speculum Augustini cum multis aliis similiter, in papiro.

Speculum Augustini, in pergameno.

Libellus in papiro continens multa bona extracta ex libris beati Augustini et aliorum doctorum.

---

Ista sunt volumina beati Ambrosii :

Ambrosius de patriarchis Abraham et Ysaac; de bono mortis; de Jacobo et beata vita; de Joseph; de benedictionibus patriarcharum; de apologia sancti patris David; de verbis Salomonis; de vinea Naboth; de fuga seculi; de jejunio; pastoralis ejusdem.

Ambrosius de officiis; de bono mortis; de misteriis; de sacramentis sermones sex; de obitu Gratiani Imperatoris; de obitu Theodosii Imperatoris; de Evangelio : *Rogavit Jhesum quidam de Phariseis;* epistole ad Theodosium; concilium Aquileie; quedam epistole.

Exameratio *(sic)* Ambrosii; de paradiso; de Cayn et

Abel; de Noe et Archa; de Abraham; adhortatio Virginitatis; de Virginitate; narratio de beato Ambrosio.

Epistole beati Ambrosii, et contra Apollinaristas de Incarnatione Domini; et ad Gratianum Augustum, de fide; de obitu fratris sui; de penitentia; de virginibus.

Ambrosius de Spiritu Sancto, et sermones ejusdem XL et tres; et nomina locorum, regionum et situs eorum; de actibus Apostolorum; et nomina XII mensium secundum Hebreos Egiptiosque, etc.

Ambrosius super *beati immaculati.*

Sermones beati Ambrosii; et super *beati immaculati.*

Exameron Ambrosii.

---

Ista sunt volumina gloriosissimi JERONIMI :

Primum volumen : Jeronimus super XII prophetas.

Jeronimus super Jeremiam.

Jeronimus super Danielem; super Marcum, et Didimus de Spiritu Sancto translatus à beatissimo Jeronimo, et Victorinus super Apocalipsim similiter ab eo translatus.

Jeronimus super Matheum.

Jeronimus super aliquot psalmos et Enchiridion.

Jeronimus super omnes psalmos.

Jeronimus super Genesim; de questionibus Ebraycis; de locis; de interpretationibus hebraycorum nominum; de mansionibus filiorum Israël.

Jeronimus de viris illustribus; et Gennadius de eisdem; et Ysidorus de eisdem; et Cassiodorus de institutione divinarum Scripturarum.

Epistole Jeronimi et vita sancte Paule, et duo libri contra Jovinianum.

Tercium in quo epistole Jeronimi.

Jeronimus de hebraycis questionibus, volumen magnum in quo continentur hec : explanacio ejusdem in decem temptationibus filiorum Israël, etc. ; explanacio cantici Delbore et Barac ; questiones hebraice ; disputatio de jejuniis ; in Zachariam : de sollempnitatibus Judeorum ; descriptio de formis hebraicarum litterarum ; de interpretationibus hebraicorum nominum ; de locis ; de mansionibus Israelitici populi ; super Psalmos ; super Ecclesiastem ; super Jeremiam ; super Danielem.

Dialogus beatissimi Jeronimi.

Testamentum gloriosissimi Jeronimi.

Epistole gloriosissimi Jeronimi.

---

Ista sunt volumina beati Gregorii pape :

Gregorius super Ezechielem.

Prima pars registri.

Secunda pars ejusdem.

Registrum beati Gregorii.

Paterius ex libris beati Gregorii.

Paterius ex libris beati Gregorii super vetus Testamentum.

Gregorius, Origenes, Ambrosius et Ancelmus super Cantica.

Excerptum Adalberti levite quasi lylia candencia ex Moralibus beati Gregorii.

Moralia beati Gregorii super Job, ex integro, liber pulcherrimus.

---

Ista sunt volumina diversorum Doctorum :

Libri beati Dyonisii Ariopagite ; item tres libri beati

Ambrosii Mediolanensis episcopi de Spiritu Sancto et sermones ejusdem etc., Jerarchiabeati Dyonisii, liber parvus.

Abbas Vercellensis super Dyonisium.

### CYPRIANUS.

Opera Cypriani ; in quo volumine plurima continentur, scilicet : epistola Cypriani episcopi et martiris ad Donatum ; tractatus ejus de disciplina et habitu Virginum ; liber de Lapsis ; liber de catholice ecclesie unitate ; de oratione dominica ; de mortalitate ; de opere et elemosinis ; de bono paciencie ; de zelo et livore ; etiam quamplures alii tractatus in eodem contenti.

### CRISOSTIMUS.

Johannes Crisostimus super Matheum.

Idem super epistolam ad Hebreos, et septem omelie ejusdem ; de laude Pauli ad Senecam et Senece ad Paulum, in quo eciam epistola Senece ad quemdam.

Omelie Johannis Crisostimi XXXIII, et de eo quod nemo leditur nisi à seipso ; de compunctione cordis ; de reparatione lapsi ; epistola ejusdem ad Theodorum.

### BASILIUS.

Opera Basilii.

### HYLARIUS.

Hylarius de Trinitate, in quo plura, scilicet ; liber ejusdem contrà Constantinum quemdam, et ad Constantinum imperatorem libri duo ; epistola ejusdem adversus Arrianos, blasphemia Auxendi (*sic*, pour Auxencii) ; epistola adhuc contrà Arrianos ; versus de Hylario ; epistola ejusdem ad filiam suam; hymnus ejusdem de spirituali prato; de balteo castitatis, etc.; Hylarius super Matheum, in quo tractatus de synodis; idem super Psalmos.

### FULGENTIUS.

Epistola Ferrandi diaconi ad beatum Fulgentium episcopum, et illius ad ipsum; Fulgencius de quinque questionibus in eodem libro, et epistola Victorini ad sanctum Fulgencium; sermo Fastidiosi heretici et Fulgencius contra eumdem sermonem; liber ejusdem de fide catholica et sermones quinque; vita ejusdem, et ceteri multi alii parvi libri in eodem; Fulgentius de predestinatione, in quo de sacrificio corporis Domini; item et de eo quod scriptum est; et Verbum erat apud Deum blasphemia Arriana; liber Fulgentii contra eandem; de mediatoris misterio; de immensitate Filii Dei; de sacramento dominice Passionis, etc.

Fulgentius; alius liber similis quasi per omnia precedenti.

Tres libri Fulgencii in uno volumine ad Monimum.

### ORIGENES [1].

### HYRENEUS.

Hyrenei Ludunensis archiepiscopi de heresibus libri

---

[1] Les titres non suivis d'indications d'ouvrages représentent des divisions qui n'étaient pas remplies lors de la confection de l'inventaire et que l'on se proposait sans doute de remplir par des acquisitions ultérieures.

quinque in uno libro ; et prefatio domini Flori Ludunensis clerici, et epistola Agobardi, etc[1].

### ATHANASIUS.

Opera Athanasii : volumen magnum in quo plures libri ejus habentur, scilicet de unica Trinitate Deitatis, de propriis personis et unico nomine Trinitatis ; de assumptione hominis, et multi alii libri qui spectant ad fidem catholicam roborandam. Item Cronica Athanasii.

### THEOPHILUS.

Volumen in quo tres epistole Theophili Alexandrini episcopi habentur ; et epistola beatissimi Jeronimi ad eumdem et multa alia bona, etc.

### PAULINUS.

Epistole Paulini et liber 2us Aviti archiepiscopi Viennensis, et epistole ejusdem, et que alia bona in eodem libro epistolarum contenta.

---

[1] Ce manuscrit, qui contient un fragment de Florus, a dû être donné au P. Sirmond avec le manuscrit indiqué ci-dessous, à la page 338. D'après les renseignements dont je suis redevable à l'obligeance de mon savant confrère, M. Omont, bibliothécaire à la Bibliothèque nationale, ce manuscrit se trouve maintenant à Cheltenham, dans la bibliothèque de sir Thomas Philipps ; il avait été acheté par ce collectionneur à la vente du hollandais Gérard Meermann, qui lui-même l'avait acheté à la vente de la bibliothèque du collège de Clermont (bibliothèque des jésuites, vendue en 1764) ; il figure au n° 436 du catalogue de vente de cette bibliothèque. Évidemment, c'est par le P. Sirmond qu'il était entré dans la bibliothèque des jésuites.

### GREGORIUS NAZANZENUS.

Apologeticus ejusdem de Epiphaniis sive de Natale Domini; et sermo unus de luminibus, de Penthecoste et de Spiritu Sancto, de dictis Jeremie, de reconciliatione monachorum, et vita ejusdem Gregorii, etc.

### PROSPER.

### JUVENCUS.

Juvenci presbiteri libri quatuor in uno volumine, in quo quamplures tractati *(sic)*[1] diversorum doctorum, scilicet Aratoris subdyaconi, et Prudencii Apotheoses, etc.

### YSIDORUS.

Allegoriarum ejus super Vetus Testamentum, et de viris illustribus.

Idem, super Genesim allegoriarum.

Strabus et Ysidorus super Leviticum.

### RABANUS.

Rabanus super Genesim.

Idem super Numerorum et Deuteronomii.

Idem super Genesim et Exodum.

Idem super Josue, Judicum, Ruth et Regum.

Idem super Sapientie et Ecclesiasticum.

---

[1] Ici, comme en plus d'un endroit de l'inventaire, on remarquera des fautes de grammaire qui décèlent une grande négligence chez celui qui a transcrit ce document.

### ARVEUS.

Prima pars Arvei super Ysaiam.

Secunda pars super Ysaiam.

Idem super Leviticum qui intitulatur : Esichius super Leviticum.

### RADULPHUS.

Prima pars Radulphi super Leviticum.

Secunda pars ejusdem super Leviticum.

### BEDA VENERABILIS.

Beda super Marcum.

Idem super Lucam.

Beda, de tabernaculo et de Templo Salomonis, et super Esdram et Neemiam ; idem super Cantica et super Apocalipsis.

Beda super epistolas canonicas, et littere Imperatoris Frederici ad Carthusienses[1], et nomina archiepiscoporum Lugdunensium, etc.

Martirologium Bede.

### REMIGIUS.

Remigius super Matheum.

Idem super Apocalipsim ; et libri Effrem dyaconi de

[1] Cette lettre n'a pu être retrouvée. Elle émane sans doute de Frédéric Barberousse et concerne la lutte qu'il soutint contre Alexandre III, dont les chartreux étaient les partisans dévoués.

vita monachorum, de gloria celesti et resurrectione, de beatitudine, de penitentia, etc.

Item, volumen parvum super Cantica Canticorum.

Remigius super XII prophetas.

FLORUS [1].

Extracta per Florum clericum super epistolas Pauli, ex dictis octo doctorum scilicet Cypriani, Ambrosii, Theophili, Effremi dyaconi, Leonis pape, Fulgentii, Paulini et Aviti.

Collecta Flori Lugdunensis archiepiscopi *(sic)* ex dictis diversorum catholicorum patrum.

Liber secundus : Florus, de missa et de aliis quibusdam ecclesiasticis institutionibus.

BERNARDUS, DOCTOR MELLIFLUUS.

Sermones beati Bernardi, super Cantica.

Epistole beati Bernardi.

Idem de precepto et dispensatione ; de gradibus humilitatis ; de gratia et libero arbitrio ; exhortatio ad milites Templi ; apologia ad abbatem Willelmum ; de diligendo Deum ; expositio super Evangelium : *Intravit Jhesus,* et de sex ydriis, et de tribus emissionibus ; epistola Petri

---

[1] « Ces manuscrits furent donnés au R. P. Sirmond, jésuite, par le R. P. dom Juste Perrot, comme j'ay veu dans une de ses lettres, à la réserve de son extrait sur les Épistres de saint Paul » (Note de dom le Coulteux).

D'après les renseignements que me fournit M. Omont, ce manuscrit, vendu avec les autres manuscrits de Routh en juillet 1855, a été acheté par sir Thomas Philipps, et figure dans sa bibliothèque sous le n° 14,036.

Damiani cum quodam tractatu ejusdem de naturis quorumdam animalium, et de quibusdam miraculis.

Opera Bernardi, in quo libro plures ejusdem tractatus continentur, scilicet omelie super *Missus est,* sermones de tempore, sermones de sanctis, sermones super Cantica, de laude nove milicie Templi, et cetera : quere ibidem Bernardus, de consideratione, et sermones Brunonis Signensis episcopi ; vita beati Bernardi.

Secunda pars sermonum super Cantica ; sermones Bernardi.

Speculum monachorum beati Bernardi cum multis aliis in papiro.

Epistole beati Bernardi.

Epistola beati Bernardi abbatis ad fratres de Monte Dei de vita solitaria.

Meditationes sancti Bernardi ; Bernardus de precepto et dispensatione, cum quibusdam aliis tractatibus.

Idem, super Cantica.

### HUGO DE SANCTO VICTORE.

Hugo, super Ecclesiasten inchoata expositio.

Idem de sacramentis.

Sententie magistri Hugonis, in quo etiam est de institutione noviciorum.

Expositio super Jerarchiam Dyonisii.

Hugo super lamentationes Jeremie ; in quo etiam Bernardus, super *Missus est.* Idem de sacramentis : parva littera et bona sine postibus, et optimo cooperculo.

Una pars libri Hugonis de sacramentis, in quo est etiam summa magistri prepositi (Papiensis ?).

Hugo super Ecclesiasten, et Beda de temporibus.

Hugo de sacramentis.

Hugo de claustro anime et de claustro materiali, et de Benjamin.

Diverse sententie Hugonis.

Libellus alterius Hugonis, scilicet de Folgeto, de claustro materiali, in quo etiam est informatio ad predicandum ; tractatus Hugonis de Sancto Victore de laude caritatis, in quo sunt omelie Eusebii, et expositio pulchra, VII psalmorum, et de passione Domini, necnon de itineribus eternitatis, in papiro. Item parvus liber ejus de virtute orandi, cum aliis tractatibus parvis.

### BONA VENTURA.

Breviloquium fratris et domini Boni Venture.

Dyalogus anime et hominis ejusdem.

Bona Ventura super quartum librum sententiarum.

Apologia pauperum adversus calumpniatores Bone Venture.

Vita Christi Bone Venture.

Ymago vite Bone Venture.

Vita Jesu Christi secundo, secundum Bonam Venturam in papiro.

Breviloquium Bone Venture secundum ; incipit 2ª columpna : Gentium.

### VINCENTIUS.

Speculum historiale Vincentii continens primam et secundam partem.

Prima pars speculi historialis.

Item secundum volumen ejusdem.

Item tercium volumen ejusdem.

### LEO PAPA.

Sermones Leonis Pape, in quo sunt opera Petri Damiani.

Item, adhuc alius liber : sermones Leonis Pape.

### JOHANNES DAMASCENUS.

Liber Johannis Damasceni.

### RUFINUS.

Rufinus in octo omeliis Basilii.

Idem de benedictionibus patriarcharum, *in quo* sunt omelie Origenis et dicta Ysidori super Deuteronomium.

### RICHARDUS.

Richardus super duodecim patriarchas et sompnium Nabuchodonosor.

Idem de interiori homine.

Richardus super Cantica Canticorum.

Idem super Apocalypsim.

Richardus de archa fœderis.

### ANSELMUS.

Anselmus de Incarnatione Domini, et monologium ejusdem.

Meditationes Anselmi.

### THOMAS.

Prima pars beati Thome.

Beatus Thomas super quartum Sententiarum.

Prima Summe beati Thome.

Secunda secunde beati Thome.

Prima secunde beati Thome.

Ultima pars beati Thome.

Thomas super Matheum et Marcam.

Idem super Lucam et Johannem.

Sanctus Thomas super Cantica.

Liber quartus beati Thome de fide Catholica.

Glosa super Job sancti Thome, liber magnificus.

Aliqua opera beati Thome, scilicet de X preceptis, de perfectione spiritualis vite, in papiro.

### ALBERTUS MAGNUS.

Albertus super misse misteria et altaris sacramenta.

Idem, de laudibus Beate Virginis Marie in papiro.

Idem, de laudibus Beate Virginis, sed alio modo, etiam in papiro.

### NYCHOLAUS DE LYRA.

Lyra super Josue et aliis multis prophetis.

Item de decem preceptis Domini.

Lyra super Psalterium, usque : *Judica me, Domine.*

Postilla ejusdem super Ezechielen et duodecim prophetas.

Opera adhuc magistri Nicholai de Lira ; que supra, omnia simul in tribus magnis et consimilis forme voluminibus in capitulo collocatis, que empta sunt CCC scut. et domui Cartusie data per donnum Johannem Auterii, in decretis Doctorem et demum Cartusiensem monachum factum.

Item, Lyra idem super Thobiam, Judith, et secundum

librum Esdre, et hystoria Susanne, Belis et draconis, et duobus libris Machabeorum, in pergameno.

### FRANCISCUS LAUREATUS [1].

Franciscus Laureatus, poeta sublimissimus, de vita solitaria.

Item adhuc de vita solitaria.

### SEVERUS.

Severus, de vita sancti Martini.

---

Liber Gregorii Turonensis de miraculis Sanctorum.

Summa magistri Petri Pictaviensis et summa magistri Johannis Beleth de ecclesiasticis officiis.

Liber Clementis, sive hystoria Clementis.

Vita Sancti Germani Autissiodorensis episcopi.

Vita Sancti Eligii et aliorum sanctorum paucorum.

Regula beati Benedicti et Augustini cum multis aliis in papiro.

Vita Jhesu in papiro.

Liber notabilis de Apibus ; exempla sunt valde bona et auctoritates.

### UBERTINUS.

Quartum volumen Ubertini in vita Domini nostri Jhesu Christi, in quo eciam alius liber de ornatu nupciarum spiritualium.

---

[1] Pétrarque.

### LIBRI MAGISTRI JOHANNIS GERSONIS CANCELLARII PARISIENSIS.

De consolatione theologie magistri Johannis Gersonis in papiro.

Opuscula multa magistri Jo. Gersonis in papiro, et de diversis virtutibus.

Dyalogus magistri Joannis Gersonis de perfectione cordis, cum multis aliis.

Magister Johannes Gerson super Cantica.

Unum ex quator, secundum magistrum Joannem Gersonem, cancellarium Parisiensem.

Magister Joannes Gerson super Magnificat.

Josephina ejusdem, liber parvus in quo tamen plures tractatus ejusdem continentur valde notabiles.

Opera Gersonis in Gallico.

Opuscula magistri Joannis Gersonis supradicti.

Tractatus Gerson super Cantica.

---

### SANCTA KATHERINA DE SENIS.

Revelationes sanctissime Katherine de Senis in papiro.

Legenda ipsius devotissima.

### HISTORIE.

Scolastica historia.

Historia scolastica, alius liber.

Historia magistri Petri Comestoris.

Historia ecclesiastica.

Ecclesiastica tripertita.

Historia Anglorum.

Item parvus liber in quo vita beati Eduuadi, Regis Anglorum, et canonizatio Sancti Ethmundi, Cantuariensis archiepiscopi, habentur.

Mappa mundi.

Historia nova XI millium Virginum nuper celitus revelata, in papiro et pargameno.

Historia adhuc ecclesiastica, in pargameno.

Cronice Carthusie, in pargameno.

Historia Jherusolomitana.

Historia Redemptoris et beate Marie, Johannisque Baptiste ac discipulorum, in pargameno.

Historia cujusdam sacre Virginis, in pargameno, non ligata, parvus et longus liber.

---

Compendium Theologie.

Cato moralizatus.

Collationes patrum.

Vitas *(sic)* patrum, et iterum alius liber de vitis patrum.

Tractatus magistri Hugonis postea Carthusiensis in Monte Rivo de Machalona.

Manipulus florum.

Distinctiones Mauritii.

Dietarium magistri Johannis Vallensis ordinis Minorum.

Liber de regimine Principum.

Liber de viris illustribus.

Distinctiones magistri Petri Capuani.

Concordantie.

Liber nobilis qui intitulatur : multe bone questiones super articulos fidei et de septem sacramentis Ecclesie.

De declaratione difficilium doctorum et dictionum in theologia.

De vita et factis Domini nostri Jhesu Christi, liber valde eximius.

De misterio redemptionis humane liber pulcerrimus qui alio nomine dicitur liber gratie.

De fide et spe.

### MARIALE.

Mariale, in quo quatuor omelie Bernardi.

Secundo, Mariale grossum.

Tercio, Mariale, liber magnificus.

---

Cornuflorum.

Rationale divinorum (officiorum) excerptum in papiro; eciam in pergameno ex integro, sed adhuc habetur dubium an nostrum erit.

Tria volumina magna et nova, dicta Pantheon, ut estimo.

Textus magistri Sententiarum.

Liber Sententiarum Scoti.

Sententiarum defensorum.

Liber de septem donis Sancti Spiritus, liber utilissimus.

Gerardus de Monte, de sacramentis.

De sacramentis ecclesiasticis, de sententiis Bernardi abbatis et magistri Hugonis.

Compendium theologie parve forme.

Summa de virtutibus } libri utilissimi.
Summa de viciis }

Aurora metrice.

---

Ista sunt volumina DIVERSORUM AUCTORUM mixtim, et in quibus ignoratur auctor in pluribus.

Sequuntur :

De proprietatibus rerum, liber optimus.

De naturis rerum, liber notabilis.

Tractatus moralis de virtutibus.

De doctrina cordis, in pergameno.

Lamentatio beate Marie cum rubeo coreo, in pergameno, liber parvus.

Summa de diversis distinctionibus que sic incipit : Adventus Domini est dux.

Viridarium consolationis, parvus liber.

Pharetra, parvus liber in pergameno.

Viridarium consolationis cum quibusdam aliis tractatibus in pergameno.

Flores sanctorum in pergameno.

Dyalogus Cesarii, in papiro; valde bonum pro correctura.

Hymni glosati in pergameno.

De agonia, in papiro.

De arte moriendi in papiro.

Liber parvus pro agonia, etiam in papiro.

Viridarium consolationis, in pergameno.

Matrilogium, in pergameno.

Consolatorium timorate conscientie, in papiro.

Liber vie meditationis Passionis Christi, in papiro.

Declaraciones observantiarum, in papiro.

Meditationes Passionis Christi in papiro, parvus liber.

Liber parvus in papiro, de diversis notabilibus.

Horlogium eterne sapientie.

Liber abbatis Johannis Climaci.

De oratione dominica, in pergameno.

Vita Jhesu Christi, in papiro.

Vita Jhesu Christi, in papiro, secundum Bonam Venturam.

De contemplatione, liber parvus in pergameno.

Stimulus amoris; in papiro, modicum valoris.

Horlogium eterne Sapientie, in papiro.

De contemptu mundi, domini Laurencii Justiniani.

Contemplationes Guigonis Carthusie prioris.

Erudire, Jherusalem.

Erudire, Jherusalem; secundo.

De septem profectibus, in papiro.

Erudire, Jherusalem, in pergameno, parvus liber.

Medicina anime, in pergameno.

Liber de amore Dei, cum multis aliis; incipit in II<sup>a</sup> columpna : quatuor sunt.

Liber de septem speciebus timoris et miseria hominis; incipit II° fol. post tabulam : inclitus in curia.

Dyadema monachorum.

Viridarium consolationis.

De monte contemplationis.

De consolatione theologie, in papiro.

Egidius super Ave Maria, in pergameno.

Liber parvus in pergameno pro instructione novitiorum cum diversis.

De peregrino mortuo, in quo habentur plura, scilicet de studio sapientie.

De mistico sompnio Nabuchodonosor, de securitate conscientie, et cum exhortacionibus ad novicios, cum multis aliis.

Dyalogus sive collocutio didascolica de elementis catholice fidei, in quo plura sunt de quatuor virtutibus cardinalibus. Apologia de versuciis pseudo-theologorum et religiosorum.

Philosophia catholica.

Viatorium, in quo sunt multa bona.

Distinctiones cum tabula per alphabetum.

De institucione novitiorum, in pergameno.

Dyadema monachorum.

Dicta pulcra rithmatice ad laudem Virginis Marie composita.

De creatione hominis, in quo de qualitate celestis patrie; de vita solitaria; liber.

Fructuosi episcopi qualis debet esse rector.

Tractatus de perfectione vite spiritualis solitariorum cum multis aliis.

Liber dictaminum, in pergameno.

Tituli summe confessorum, et secunde secunde sancti Thome.

Liber magistri Seguini de arte lectoria.

Liber parvus in papiro plenus devotionibus qui incipit : in Cruce Domini.

Tractatus super revocatione lapsorum et abusorum.

Liber proverbiorum Petri Adelfunci de clericali disciplina cum multis aliis.

Epistole Ivonis Carnotensis episcopi ; ibi est etiam tractatus Lamberti de accentibus.

Summa virtutum et summa casuum super Decretalibus : incipit : presens.

Notabilia et exempla extracta a collationibus Patrum.

Liber penitentialis magistri Roberti, cum aliquibus aliis, in pergameno.

Julius Solinus tractans de situ terrarum et maris.

De sensibilibus deliciis Paradisi, partim in papiro, partim in pergameno.

De modo orandi et doctrina spiritualis vite.

Liber vocatus laudatorium cum tabula.

5

Liber de quatuor virtutibus cardinalibus; 2o folio; et subdit.

Speculum stultorum.

Lignum vite, in papiro.

Lignum vite, in grossa littera.

De natura et origine anime; de proprietatibus et causis proprietatum elementorum.

Certamen anime rithmatice.

Tabula super summa de viciis in papiro.

Multe questiones theologice veritatis; liber parvus qui incipit : questio.

Pontificale.

Abel, alias distinctiones Petri cantoris Parisiensis, in quo sunt plura excerpta super libros Salomonis Nicholai de Lyra.

Palladius, de opere rurali, in papiro, in quo postilla abbreviata super librum Sapientie.

De origine et veritate perfecte religionis [1].

Tractatus de diversis erroribus.

De vera philosophia [2].

Rosa de Capua, liber gloriosus.

Petrus Bertorii.

De vita paranda.

De officiis Ecclesie.

Liber Albertani de forma vite, in papiro.

Salernitanus.

Liber sanctorum Angelorum, in papiro.

---

[1] En note, une main du XVIIe ou du XVIIIe siècle a écrit : *à Guillelmo de Hyporegia, Cartusiano, ut quidam volunt, sive potius à Bosone Priore majoris Cartusiæ edita.*

[2] C'est le précieux manuscrit d'un partisan de Gilbert de la Porrée, que j'ai signalé ci-dessus, p. 313. Il est encore conservé à Grenoble.

Flores sanctorum; incipiunt, 2ª in columpna: feratur ad primum.

De origine et veritate perfecte religionis. 2º folio; sit scientia.

De documentis antiquorum: in primo volumine, 2º folio, Avicenna.

Egidius, de peccato originali; incipit 2º folio, tercii ponunt.

Summe brocardi *(sic)* abbatis Bellevallis. Regula Celestini ut aliqui credunt, et libellus Albini magistri regis Karoli ad Guidonem comitem.

De septem itineribus eternitatis, in papiro valde notabilis.

Liber Vie Syon lugent, in papiro valde bonus.

Elucidarius, in pergameno.

Liber qui intitulatur varia excerpta de sanctis doctoribus, et aliqua super jura. Hugo de claustro materiali et morali.

Liber qui dicitur Gratiosus, in quo multa excerpta, et liber de seculo et religione.

De regimine principum, liber novus, editus à fratre Egidio Romano.

De divite christiano, liber novus.

Liber de conflictu fidelis cum pagano, qui intitulatur collationes contra paganos et Judeos.

Liber de sensibilibus deliciis Paradisi, partim in papiro partim in pergameno.

De vita solitaria domini Laurencii episcopi Venetiarum, cum multis aliis.

Ceremonie et declarationes statutorum in papiro.

De viciis et virtutibus in vulgari.

Questiones magistri Alberti Remensis alio nomine Thomasina.

Stimulus amoris, in papiro.

Horlogium eterne sapientie, in papiro.

Lignum vite Ubertini, liber parvus, in pergameno.

Liber parvus *qui sequitur me,* in pergameno.

Cronice et cetera multa de ordine Carthusiensi.

Tractatus magistri Petri de Palude de ecclesiastica potestate et de indulgenciis.

Questiones de sacramento Eucharistie et de vicio proprietatis.

Stimulus amoris, liber longus, cum multis devocionalibus.

De proprietatibus rerum, in papiro, fratris Bartholomei Anglici de ordine fratrum minorum.

De mystica theologia, in papiro cum multis aliis.

---

Ista que sequuntur sunt VOLUMINA VETERIS TESTAMENTI.

Biblia magna et bona.

Glosa magistri Hugonis Theodorensis super Pentatheucum.

Glosarium magistri Stephani Cantuariensis episcopi super quinque libros Moysi et super libros Josue, Judicum et Ruth, et super libros Regum, Paralipomenon, et super Thobiam, Judith et Hester, super libros Esdre et Salomonis, super Ecclesiasticum et Sapientie.

Expositio cujusdam magistri Stephani super Job et super Cantica Canticorum, super Danielem et XII prophetas, super libros Machabeorum et super epistolas Pauli et canonicas, et super Ysaiam.

Capitula Biblie et versus super totam Bibliam et super Cathonem.

Job glosatus.

Deuteronomium.

Duodecim prophete glosati.

Super Ysaiam.

Super Job.

Jeremias apostillatus.

Moralitates super Genesim, Exodum et Leviticum.

Postilla super Genesim, et Exodum et partem Levitici.

Glose super Biblie magistri Hugonis de sancto Theoderico.

Magister Rodulphus super Leviticum.

Reportationes Ja(cobi) de Lausanna super Bibliam.

Super prologos Biblie.

De postillis super multa.

Liber capitulorum Biblie et multorum doctorum.

Liber metrificatus super quibusdam Biblie.

Lectura Biblie in matutinis per totum annum.

Capitula super Bibliam metrice.

Quedam moralitates super Genesim, et de virtutibus theologalibus et cardinalibus; quedam distinctiones ad interpretandum parabolas multas.

Super Exodum.

Tabula super Bibliam.

Biblia magna que fuit de pisce.

Biblia correctoris[1].

Una pars Biblie.

Una pars Biblie.

Super Leviticum.

Glose Thobie et Hester.

Super Genesim et aliis.

---

[1] Allusion aux fonctions du *corrector*. Voir plus haut, p. 10.

Super Ysaiam.

Super Ecclesiasticum.

Glose Hugonis de Sancto Theoderico super Ysaiam, et modicum super Jeremiam.

Idem super Ysaiam secundo.

Allegorie super vetus et novum Testamentum.

Hervey super Ysaiam, 2°.

Super Cantica et super Job.

Volumen in quo continentur Cantica Canticorum, et Apocalypsis, et Angelonius super Cantica.

Parabole, Ecclesiastes, Cantica, libri Sapientie, Ecclesiasticus glosati.

Glose super Cantica Canticorum et super lamentationes Jeremie.

Libellus de tribus columbis et quibusdam aliis avibus.

Parvus libellus super Cantica Canticorum.

Cantica glosata.

Guillelmus Canthuariensis archiepiscopus super Cantica Canticorum.

Gerlandus super Cantica.

Origenes super Cantica, multa alia bona.

Liber Ezichii presbiteri super Leviticum, et sunt VII libri.

Secunda pars opusculi magistri Rodulphi super Leviticum.

Allegorie quinque librorum Moysi qui incipiunt : in precedentibus.

Super Numerorum et Leviticum.

Lamentationes et epistole canonice.

Correctorium antiquum quorumdam dubiorum in Biblia et optima exposicio vocabulorum, verborum Biblie et prologorum.

Vercellensis super Cantica.

Speculum historiarum Biblie, liber parvus cum multis aliis.

Expositio abbatis Vercellensis super Cantica in papiro.

Frater Johannes in Hysdinio super Job, liber novus atque magnificus.

Postilla super librum Sapientie; incipit 2o folio : et crudelitas est.

Tabula super moralia Job : incipit 2o folio : an persona diligatur.

Super XII Prophetas.

Super Proverbiis, Ecclesiastes, Cantica et Sapientie.

---

Ista sunt VOLUMINA NOVI TESTAMENTI que sequuntur, cum PSALTERIIS.

Unum ex quatuor Zacharie Crisopo(li)tani super quatuor Evangelia.

Unum ex quatuor Petri cantoris Parisiensis.

Evangelia Mathei et Luce glosata.

Glosa super Lucam et Johannem.

Postille super Mattheum et Lucam.

Glose super Matheum nove.

Matheus glosatus.

Matheus et Marcus glosati.

Expositio extracta ex libro qui vocatur : unum ex quatuor.

Lucas glosatus.

Super Lucam.

Matheus in textu glosatus.

Evangelia glosata super Matheum et Marcum.

Evangelium Marci glosatum et vita sancti Petri archiepiscopi, et alia multa bona.

Liber Aymonis Sàriot super Matheum.

Matheus glosatus et distinctiones super Psalterium.

Marcus cum glosa.

Marcus 2o cum glosa.

Johannes et Marcus glosati.

Johannes glosatus.

Johannes iterum glosatus.

Johannes glosatus.

Postilla super Apocalipsim.

Liber in papiro modici valoris, super Matheum et Marcum.

Evangelia et epistole Pauli secundum textum.

Evangelia conventualia modice valoris in antiquo libro.

Apocalipsis glosata cum elucidario qui incipit : sepe interrogatus à discipulis.

Exposicio super Apocalipsim.

Lucas et Johannes glosati.

Liber consonanciarum nature et gracie super IIIIor Evangelia.

Textus Evangeliorum cum glosa.

Unum ex quatuor. Evangelium divinum in papiro.

### EPISTOLE ECCLESIASTICE.

Glosa ordinaria super epistolas Pauli.

Epistole Pauli glosate.

Epistole canonice glosate et super Cantica.

Petrus Lumbardi super epistolas Pauli.

Epistole canonice et Apocalipsis cum aliis multis.

Epistole Pauli glosate, pulcer liber.

## SEQUUNTUR PSALTERIA.

Psalterium glosatum.

Item 2°, psalterium glosatum.

Glosa super psalterium.

Glose Petri Cantoris super psalterium.

Glosa psalterii usque : *Quam dilecta tabernacula.*

Glose bone super psalterium et simbolum.

Una pars glose super psalterium, que incipit : *Dixit Dominus,* usque ; *Revela oculos meos.*

Tractus Innocentii pape super VII psalmos penitenciales.

Primum volumen magnum Ubertini super psalmos.

Secundum volumen ejusdem super psalmos.

Psalterium in Gallico.

---

Evangelia et epistole in vulgari, in papiro.

Horlogium eterne sapientie vulgariter, in papiro.

Lectura in matutinis ab Adventu usque ad Pascha.

Liber habens omnes tonos et omnes antiphonas.

Distinctiones super psalterium et Bibliam.

De exemplis sacre scripture in pergameno.

Glosa ordinaria super psalterium.

---

## SEQUUNTUR LIBRI SERMONUM :

Sermones magistri Johannis de Buevilla (*sic* : Abbatis villa?) de dominicis, in quo habentur sermones notabiles super Cantica Canticorum.

Sermones dominicales per totum annum qui incipiunt : Humane.

Sermones boni per totum annum et mappa mundi in principio cum diversis Cronicis regum.

Sermones de tempore per totum annum qui incipiunt : dicite filie Syon.

Sermones super psalterium et super Cantica.

Sermones diversi cum multis aliis in quo primo habetur passio beati Petri.

Sermones morales multi et boni de gracili littera scripti, habentes quaternos aliquos non ligatos.

Sermones notabiles in parvo libello valde antiquo qui sic incipit : michi autem absit gloriari.

Sermones Petri Comestoris qui incipiunt : et nunc, reges, intelligite.

Sermones compendiosi qui incipiunt : attendite, amici sponsi.

Sermones dominicales et fertivi per annum, incipientes emitte lucem tuam et veritatem tuam... de Saxonia sunt.

Sermones de aliquibus sanctis, non habentes inicium perfectum sed imperfectum, scilicet : cantate Deo per mundi contemptum.

Sermones diversi qui incipiunt : mane videbitis gloriam Domini.

Sermones multi in quibus primo : expositio secundum Lucam de confessione, etc.

Sermones multi qui incipiunt : accesserunt ad eum discipuli.

Sermones valde boni cum tabula incipientes : hoc est preceptum.

Sermones de paucis Sanctis, qui incipiunt : causa diligendi Deum.

Sermones domini Innocenti de aliquibus sanctis et aliis.

Sermones de adventu Willhelmi de Parerio *(sic)*, ordinis Predicatorum.

Sermones diversi de parva littera, in pergameno.

Sermones de sanctis.

Sermones notabiles de diversis, libellus parvus.

Sermones de diversis.

Sermones gloriosissimi Brunonis, ordinis nostri Carthusiensis, cum aliis in papiro.

Sermones Vincentii, in papiro.

Sermones diversi et breves in pergameno.

Sermones dominicales Jacobi de Voragine de quadragesima.

Sermones Christophori, in pergameno, cum tractatu novitiorum in principio.

Sermones dominicales, in papiro.

Sermones adhuc dominicales, in papiro.

Sermones fratris Gilberti de Tornaco, ordinis fratrum Minorum.

Sermones aliqui domini Andree, natione Alemanni, monachi Carthusie.

Sermones de sanctis cum quibusdam notabilibus, qui incipiunt : convertimini.

Sermones Bone Venture.

Sermones parvi valoris, in papiro.

Sermones notabilissimi et compendiosi parve forme, in pergameno.

Sermones valde boni cum tabula, incipientes : hoc est preceptum meum.

Sermones magistri Francisci de Mayros de aliquibus sanctis, qui incipiunt : Verbum caro factum est.

Sermones (de) festis anni, parvus liber.

Alius liber parvus : liber sermonum de festis anni.

Sermones dominicales et de aliquibus festis, incipientes : emitte lucem, etc.; de Saxonia est.

Sermones sanctorum, in papiro.

Sermones Bernardi de sollepnitatibus; sermones Peraldi; ars predicandi secundum Alanum ; sermones ejusdem cum multis aliis.

Exempla ex diversis collecta pro predicatoribus, in papiro.

Narrationes pro sermonibus, in pergameno.

Adaptationes sermonum, in pergameno.

Sermones de nativitate Virginis Marie et de nominibus ejus.

Sermones de festis Virginis Marie ; incipit 2° folio : radix.

Sermones de Almania in papiro : incipit 2° folio : baptismum iterari.

Sermones de diversis, incipientes; Dominus Rex noster. Magnus liber est.

Sermones dominicales Guillelmi de Peraldis.

Sermones dominicales Jacobi de Voragine.

Summa provincialis de sermonibus dominicis et communibus sanctorum.

Sermones Guidonis dominicales ordinis Predicatorum.

Sermones aliqui de diversis, de adventu Domini, qui incipiunt : tempus est.

Summa magistri Jo. de Abbatisvilla, de epistolis et evangeliis dominicis diebus dicendis.

---

Volumina juris Canonici sub hoc signo, harum scilicet trium litterarum superius depictarum.

Primo, volumen magnum : Ysidorus, Hispalensis episcopus, cui titulus est ; quatuor generalia consilia et canones apostolorum, et decreta et gesta pontificum summorum per Ysidorum compilata [1].

Item, Decreta Gratiani ; incipit, in prima parte.

Item, Decretum glosatum ; incipit, humanum. Satis combustum. . . . . . . . . . . . . . . . . . . . . . . . . . . . . . . III

Decretum pulcerrime illuminatum multas habens picturas. . . . . . . . . . . . . . . . . . . . . . . . . . . . . . . IV

Decretum cum modicis glosis interlinearibus. . . . . . V

Decretum : secundo folio, Telesphorus.

Decretum optimum, bene glosatum, quod donus Joannes Auterii apportavit.

Decreta patrum ; incipit X° folio de auctoritate Romani. . . . . . . . . . . . . . . . . . . . . . . . . . . . . XXXIIII

Decreta Lateranensis concilii ; incipit 2° folio, licet. XXXV

Decretales bene glosate ; incipit in-5° folio, Gregorius . . . . . . . . . . . . . . . . . . . . . . . . . . . . . . . VII

Decretales bene glosate, 2° folio, ut recipiant. . . . . . X

Decretale glossatum habens in fine constituciones novellas. . . . . . . . . . . . . . . . . . . . . . . . . . . . . . . X

Item sextus liber Decretalium Innocentii pape cum

---

[1] Ce manuscrit (n° 16 de la bibliothèque de Grenoble) contient les Fausses Décrétales et la *Liber Pontificalis*. Cf. ci-dessus, p. 40. Voir aussi l'édition du *Liber Pontificalis*, donnée par M. l'abbé Duchesne, p. CXC.

apparatu Johannis Andree........................ XIII

Textus sextus *(sic)* libri Decretalium et Clementinarum non glosatus.

Textus sexti libri Decretalium non glosatus, et quibus dam *(sic)* glose Compostelani ; 2° folio, prejudicium. XV

Textus sexti libri Decretalis non glosatus ; incipit : Bonifacius ........................................ XVI

Notabilia Innocentii pape et textus sexti libri Decretalis ........................................ XVIII

Item Clementine glosate, 2° folio, constitutiones. XIX

Clementine imperfecte glosate et quedam summa per alphabetum ........................................ XX

---

Auctoritates extracte de decreto, sine postibus; incipit : Abbates ........................................ XXIIII

Item breviarium extravagantium Bernardi prepositi Papiensis; incipit in 3° folio : Juste judicate. Finis : transgressores ........................................ XXII

Item breviarium extravagantium ejusdem ; incipit : juste ........................................ XXXIII

Summa decretorum : incipit : fectt Moyses...... XXV

Summa confessorum parvo volumine ; 2° folio, et quod frequenter.

Tituli summe confessorum, et secunda secunde sancti Thome........................ XXV tercio.

Summa fratris Astexani de casibus, alias dicitur Summa Astensis........................ XXVII

Liber exceptionum summe de casibus........ XXVIII

De eadem materia et eodem titulo ; incipit : quoniam inter crimina.................................. XXIX

Summa Raymundi de casibus ; de eadem materià pulcher liber.................................. XXX

Summa Gofredi super Decretales ; incipit : glosarum.................................. XXXI

Summa Gofredi super Decretales, 2° folio, re XIIII.. LI

Summa magistri Stephani super Decretum, 2° folio, si duas.................................. XXXVI

Summa Alani super Decretum ; 3° folio, jus naturale.................................. XXXVII

Summa de casibus Monaldi, ordinis Minorum ; incipit : quoniam ignorans.................................. XXXIX

Summa de casibus fratris Bartholomei, alio nomine Bartholina seu Summa Pisani, que incipit : quoniam, ut ait Gregorius.................................. XL

Summa Pisani, scilicet eadem, 2° folio, vel abbatem in episcopum.................................. XL

Item, eadem summa iterum.

Summa magistri Bernardi prepositi Papiensis, et quedam alia, que incipit : Jhesus Christus........... XLI

Tabula super septem libros Decretalium et tabula super totam Bibliam ; incipit 3° folio : abbatisse......... XLV

Decretales glossate cum tabula Basseti in fine..... L

Clementine glosate ; incipit 1° folio ; O homines, gratiosum.................................. LI

Sextus Decretalium glosatus, 2° folio, ex eo..... LLI

Clementine glosate, 2° folio, cause fuerint....... LVI

Sextus Decretalium, 2° filio, filium............ LVII

Summa Raymundi cum tabula, 2° folio, studiosa. Eadem summa in parvis rubeis postibus, in papiro, magnum volumen.

Lectura Decretalium Henrici Bonait[1].

Summa imperfecta de materia juris canonici... XLIIII

Textus Sexti libri in papiro .................... XVII

Liber in papiro in quo multa jura et canones de jure canonico, Basse................................ LIII

Summa de jure canonico procedens per alphabetum........................................ XLIII

Decretales in libro Seneca de moribus.

Marcuriale *(sic)* Johannis Andree super regulas juris sexti libri Decretalium, in papiro.

Bona summa de sacramentis Ecclesie, ubi sunt multa bona que incipiunt : queritur de sacramentis, in qua etiam habetur nova summa de casibus, et dubia et deciciones Rote appostolici Pallacii, in papiro.

Sequuntur LIBRI JURIS CIVILIS SIVE LEGUM sub signo supra notato.

Digestum vetus ; incipit primo folio : volens eum occidere ; 2º folio in textu, quatuor......................... I

Digestum novum, de novi operis institutione[2]; 2º folio, incipit : uni nuncietur.................................. II

Codex legalium Justiniani Augusti ; incipit : Imperator................................................ III

---

[1] Probablement Henri Bohic. Cf. Schulte. *Geschichte der Quellen des Canonischen Rechts*, II, 99.

[2] Pour *nunciatione*.

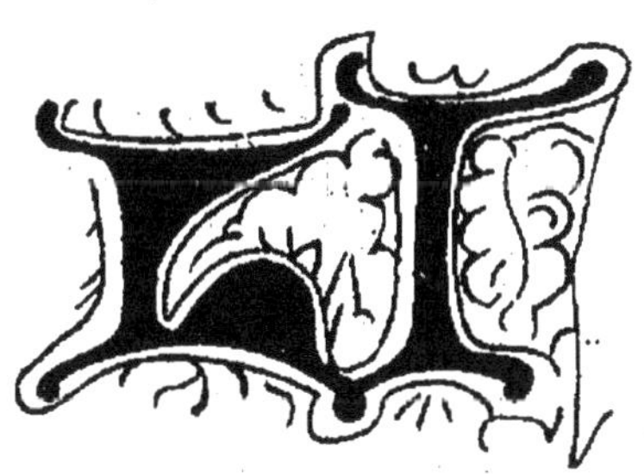

Sequuntur LIBRI UTRIUSQUE JURIS sub litteris supra descriptis.

Finis : tenetur........................ numerus I

Item, actor et reus. Incipit : quidam litteras ...... II

Item casus Decretalium et Decretorum et brocardia et ordo judiciarius ; incipit, 3e folio, canonum......... III

Institucionum Hugolini ; insolubilia ; Dissenciones dominorum super toto corpore juris[1] ; brocardi ; questiones Pillei ejusque libellus de ordine judiciorum ; Summa decretalium ; Flores legum ; incipit 3o folio, numerum. IIII

Item Casus Willelmi Cipriani super Codicem ; casus Decretalium ; incipit 3o folio : nemo clericus......... V

Ordo judiciarius editus per dominum Egidium, doctorem Decretorum, secundum consuetudinem Bononiensis civitatis.

Summa magistri Symonis super Decreto, cum tabulis quibusdam, notatis legibus ; incipit : operis cujuslibet VII

Liber penitentialis magistri Roberti canonici S. Victoris Parisius, et regule juris decretorum ; incipit : res grandis. Hoc volumen est ligatum cum alio libro qui intitulatur : Cythara Ade, et speculum speculationis misere et de profectu nostro per exercitium virtutum, quod incipit : ubi dolor, ibi digitus.

---

[1] Ce manuscrit, encore conservé à Grenoble, est signalé par Savigny, *Geschichte des roemischen Rechts im Mittelalter*, VI, 259.

www.ingramcontent.com/pod-product-compliance
Ingram Content Group UK Ltd.
Pitfield, Milton Keynes, MK11 3LW, UK
UKHW012055240726
13965UKWH00004B/1310

9 782013 456081